Hermann Multhaupt

Die Missionare von den Inseln

Wie der christliche Glaube nach Deutschland kam

Hermann Multhaupt

Die Missionare von den Inseln

Wie der christliche Glaube nach Deutschland kam

Sankt Ulrich Verlag

Bibliographische Information der Deutschen Bibliothek

Die Deutsche Bibliothek verzeichnet diese Publikation in der Deutschen Nationalbibliographie; detaillierte bibliographische Daten sind im Internet über http://dnb.ddb.de abrufbar.

Titelbild: eric epoudry – Fotolia.com
Umschlaggestaltung: uv media werbeagentur
Mediengruppe Sankt Ulrich Verlag, Augsburg
Druck und Bindung: CPI books GmbH – Ebner & Spiegel, Ulm
Printed in Germany
ISBN 978-3-86744-190-2
www.sankt-ulrich-verlag.de

INHALT

Irland – Insel der Heiligen

Irland hat seine Faszination nicht eingebüßt. Im Gegenteil: In den letzten Jahrzehnten reisten immer mehr Menschen auf die „Grüne Insel", um ihre Eigenart und Ausstrahlungskraft zu erleben. Es ist nicht nur die wechselvolle Landschaft, in der das schattierte Grün vorherrscht, die die Menschen anzieht, nicht nur die Sonderheit der Menschen, die ihre Freundlichkeit und ihren Humor noch weitgehend erhalten haben – auch wenn „europäische Einflüsse" des Festlandes mit mehr Geschäftigkeit und Hektik ihren Tribut fordern –, es ist auch die wohl einmalige Klostergeschichte, die manchen Urlauber reizt, sich mit diesem Land zu beschäftigen. Irland ist gleichsam übersät von Klosterruinen, die malerisch im Landschaftsbild auftauchen, mal an Flüssen, in Wiesen, an Berghängen, auf Hügeln, zuweilen auch mitten in der Stadt, und Oasen der Ruhe und der Meditation bilden. Sie verweisen auf Männer und Frauen, die hier in den ersten Jahrhunderten seit Bestehen des Christentums Zeugen der „Frohen Botschaft" Christi wurden und als Missionare, Einsiedler und Mönche wirkten. Ihre Geschichte zieht auch heute noch viele Menschen in ihren Bann. Von einigen Zeugen dieser Zeit und ihrer Lebensweise soll hier berichtet werden.

Die zahlreichen Klöster haben Irland zu einer „Insel der Heiligen" gemacht. Doch „heilig" im Sinne einer offiziellen von Rom ausgesprochenen Kanonisation sind es bisher nur zwei Personen in Irland, alle anderen sind vom

Volk gleichsam per Akklamation zu heiligen Männern und Frauen ernannt worden, weil ihre Lebensweise vorbildhaft und nachahmenswert war. Es handelt sich um St. Lawrence O'Toole (1128–1180), der 1163 als Bischof von Glendalough zum Erzbischof von Dublin berufen wurde, und Oliver Plunkett (1625–1691), Primas von Irland, der von den Engländern in London hingerichtet und dessen Leichnam während der Glaubenskriege in Irland in Lamspringe im Bistum Hildesheim aufbewahrt wurde, wohin die „schwarzen" Benediktiner aus England geflohen waren. Das verkohlte Haupt wird in einem Schrein in der Peterskirche in Drogheda gezeigt. Die Heiligsprechung dieses irischen Märtyrers nahm Papst Paul VI. am 12. Oktober 1975 vor.

Die irische Fluggesellschaft „Aer Lingus" trägt am Bug ihrer Maschinen jeweils den Namen eines irischen Heiligen. Die meisten Namen sind uns nicht geläufig, doch einige kennen wir, weil sie von der Grünen Insel aus auf das Festland kamen und nach Frankreich, Italien, Deutschland, ja bis nach Osteuropa wanderten, um zu predigen und zu taufen. Ihnen und nicht erst dem hl. Bonifatius verdanken wir im Grunde unser Christentum. Ihre wichtigsten Vertreter sind in diesem Buch verzeichnet. Irland ist ein Ausgangspunkt der Missionierung Europas.

Wann und auf welche Weise Irland Kunde von der christlichen Botschaft erhielt, ist nicht bekannt. Es gibt verschiedene Theorien und Vermutungen. So ist manche Deutung im Reich der Spekulationen anzusetzen. Zwischen dem 6. und 12. Jahrhundert blühte das Christentum auf, und zwar so, dass es gleichsam überschäumte vor Begeisterung und unzählige Träger dieser neuen Religion hervorbrachte, von denen viele als Missionare und Wanderprediger das Land verließen, um die „Frohe Botschaft" auf dem Kontinent und jenseits der greifbaren Grenzen zu verkünden – sogar in Übersee. Diese Epoche bekam den Namen „Goldenes Zeitalter“. Doch bevor ein Land diesen religiösen Aufbruch erlebt und dessen Impulse überzeugt weitergibt, muss es selbst missioniert worden sein. In diesem Zusammenhang wird sogleich der hl. Patrick genannt, der später der Nationalheilige der Grünen Insel wurde und auch heute am 17. März in Irland und allen Ländern, in die Iren auswanderten, hoch verehrt wird. Gewiss war er ein entscheidender Missionar, der ähnlich wie Augustinus eine „Confessio“ verfasste, die Aufschluss über Lebensverlauf und Berufung gibt, auch wenn der Autor manche Details umschreibt oder verschweigt, doch in der Zeit seines Wirkens in Irland wird er nicht die ganze, sondern nur einen Teilbereich der Insel zum Christentum bekehrt haben. Davon wird noch die Rede sein.

Heute geht die Wissenschaft davon aus, dass das Christentum schon um 400 durch Mönche des hl. Ninian (Ninianus) und Kaufleute aus dem römischen Britannien in Irland Fuß gefasst haben muss, so dass Papst Coelestin I. im Jahre 432 den hl. Patrick als Bischof auf die westlich ste Insel des Kontinents schickte. Ninian, der etwa 360 bis 432 n. Chr. lebte, war der erste schottische Bischof. In Rom empfing er die Weihe zum Missionsbischof. Auf dem Heimweg besuchte er den hl. Martin von Tours. Die Persönlichkeit dieses Mannes hat Ninian wohl so beeindruckt, dass er sich Bauleute erbat, die ihm im Jahre 396 halfen, in der Tradition des Martinsklosters die erste Kirche aus Stein auf schottischem Boden, auf der Halbinsel Whithorn, zu errichten. 1996 feierte die zuständige Diözese Galloway übrigens ihr 1600jähriges Bestehen. Ninian nannte das Gebäude „Candida Casa“ – weißes Haus. Diese Gründung mit Klostercharakter hat offenbar großen Einfluss auf die Christianisierung der westlichen Nachbarinsel ausgeübt. Ninians Missionstätigkeit in Irland selbst war wohl recht kurz. Dass die Grüne Insel Missionsimpulse aus Schottland akzeptierte, ist insofern nicht verwunderlich, weil gälische Stämme aus Irland seit dem 4. Jahrhundert dort Fuß gefasst hatten und die Stammeszugehörigkeit auch über große Entfernungen bindend blieb. Die Gälen hatten die ansässigen britannischen Bewohner verdängt, unterworfen und sich mit den bereits keltisierten Pikten verschmolzen. Auch St. Ibhar soll piktischer Herkunft gewesen sein.

Noch eine andere Vorstellung hat in der Überlieferung Bestand: dass möglicherweise nämlich schon der genannte hl. Ibhar, der um 450 starb, im Raum der heutigen Grafschaft Wexford missioniert hat. In der Vita des hl. Abbanus wird berichtet, sein Oheim mütterlicherseits, Ibhar, habe auf der Insel „Beag Érinn", Klein Irland, viele Mönche und Kleriker unterwiesen. Das ist das heutige mit dem Festland verbundene Beggery Island in Wexford Haven. Vielleicht ist Ibhar, so könnte man aus dem Text schließen, bereits in ganz Irland unterwegs gewesen, um das christliche Glaubensgut zu verbreiten. Auch die Vita des hl. Ciarán von Saighir, heute Seirkieran in der Grafschaft Offaly, erzählt, dass neben Ibhar der hl. Ailbhe und St. Declan von Ardmore, Co. (County) Waterford, vor Patrick das Christentum verkündeten. Aber wo und von wem hatten sie von der neuen Lehre gehört, dass sie sie mit Begeisterung weiterzugeben trachteten? Hier bleiben ungelöste Rätsel.

Doch bevor der zweite Schritt vor dem ersten getan wird, muss man erst einmal wissen, welchen Lebensweg der hl. Patrick ging. Ist er unter Umständen identisch mit dem gallischen Missionar und Bischof Palladius, der 431 im Auftrag des Hl. Vaters nach Irland segelte, um seine Missionstätigkeit zu beginnen? Das jedenfalls überliefert der Chronist Prosper von Aquitanien in seiner Chronik:

„Palladius, von Papst Coelestin geweiht, wird als erster Bischof zu den an Christus glaubenden Iren gesandt.“ Dagegen stehen die Aussagen in den irischen Annalen, wonach die Glaubensverkündigung durch den hl. Patrick im Jahre 432 begonnen habe. Palladius muss einen erfolglosen Start gehabt haben. Von ihm wird nur berichtet, dass er drei Kirchen in den Wicklow-Bergen baute und aus Frust und Resignation über die Fruchtlosigkeit seiner Unternehmungen das Land wieder verließ. Professor T. F. O'Rahilly vertrat schon 1941 die These, möglicherweise seien zwei Patricks in Irland Missionare und jeweils 30 Jahre dort tätig gewesen. Der 461 gestorbene könnte als Palladius bekannt geworden sein. Der Gedenktag dieses Palladius ist der 6. Juli. Er hatte Frau und Tochter, zog sich unter dem Einfluss des Pelagianismus 408 nach Sizilien zurück, um ein asketisches Leben zu führen. Später ging er nach Rom. Seine Missionierungsversuche beschränkten sich auf die Provinz Leinster, während Patrick vorwiegend in Ulster und Connacht gewirkt haben soll.

Pelagius, ein britischer Kelte, um 350 geboren, hatte gelehrt, dass der Mensch mit freiem Willen geboren werde und im Laufe seines Lebens moralische Vollkommenheit erreichen könne. Sein Schüler Caelestius behauptete, dass Kinder bei der Geburt ohne (Erb-)Sünde seien und dass Adam auch gestorben wäre, wenn er nicht gesündigt hätte. Für seinen Sündenfall könne nicht die ganze Menschheit verantwortlich gemacht werden. Schon vor dem Erscheinen Jesu Christi auf Erden hätten die Menschen nach ihrem Tode in die Anderswelt eingehen können.

Ein erbitterter Gegner des Pelagius war Augustinus. Er vertrat die Ansicht, dass der menschliche Wille seit dem Sündenfall Adams und Evas verdorben sei und der Mensch in Sünde geboren werde. Alle Menschen bedürften dringend Gottes rettender Gnade ... Augustinus hat die halbe westliche Welt gegen Pelagius aufgebracht und für seine Verurteilung gesorgt.

Nach eigenem Zeugnis wurde Patrick in Bannaventa Berniae im römischen Britannien geboren. Das mag um 385 oder 389 im heutigen Banwell gewesen sein. Eine andere Überlieferung weist ihm Schottland als Herkunftsort zu. Er soll ein schlechter Schüler, aber ein guter Sportler gewesen sein. Patricks Vater hieß Calpornius. Er war Beamter in Diensten der römischen Besatzungsmacht und zudem Diakon. Patricks Großvater war Priester. Im Alter von 16 Jahren wurde Patrick gekidnappt und nach Irland verschleppt. Irische Piraten gingen des öfteren auf Beutezug an der englischen Westküste an Land und stahlen und raubten, was ihnen in die Finger kam, auch Menschen. Möglicherweise hat einer der Stammväter der O'Neills Patrick auf einem seiner Beutezüge verschleppt. Nach einer anderen Version war es der Stammesfürst Micho, der ihn am Berg Slemish gefangenhielt. In der Einsamkeit der irischen Landschaft hütete Patrick als Sklave die Schafe.

Sechs Jahre dauerte der unfreiwillige Aufenthalt, den Patrick als Aufforderung zur Reflexion und Besinnung über sein bis dahin unstetes Leben genutzt haben mag. Er wandte sich ganz Gott zu und spürte immer stärker die Anrufung, diesem wilden Volk auf der einsamen Insel die christliche Botschaft zu verkünden.

Eines Tages gelang ihm die Flucht. Ob er eine Schiffsmannschaft bestach oder sich heimlich an Bord schlich, ist nicht bekannt. In der Heimat studierte er Theologie, empfing die Priesterweihe und segelte an die Nordküste Galliens. Als Mönch weilte er eine Zeitlang in den Klöstern von Noirmoutiers. In einem Traumbild überreichte ihm ein Ire einen Brief mit der Bitte, in die irische Verbannung zurückzukehren. Ähnlich wie Paulus am Bosporus einen Mann ihm zuwinken sah mit der Aufforderung herüberzukommen, interpretierte Patrick die Briefübergabe als Missionsauftrag. Zur Vorbereitung begab sich Patrick auf das Inselkloster Lérins an der südfranzösischen Küste, wo er wie später in Auxerre seine theologischen Studien vervollkommnete. In Lérins wurde er auch mit den Regeln der koptischen Kirche vertraut. Germanus von Auxerre soll Patrick zum Bischof geweiht haben. Zwar wegen seiner mangelhaften Bildung und Stilunsicherheit gerügt, „glühte der Geist" in Patrick. Bevor er in die Heimat und schließlich nach Irland zurückkehrte, vergewisserte er sich der Apostolischen Sendung in Rom. Papst Coelestin I. erteilte ihm offiziell den Missionsauftrag. Coelestin, ehemals römischer Diakon, von 422 bis 433 Bischof von Rom, hat sich gerade um den Missionsauftrag der Kirche verdient gemacht. Weil sich der Pelagianismus inzwischen auch in Britannien ausgedehnt hatte, schickte er im Jahre 429 Bischof Germanus von Auxerre in die nördliche Provinz und beauftragte zwei Jahre später den damaligen Diakon und späteren Missionsbischof Palladius mit dem Auftrag zur Verkündigung der christlichen Heilsbotschaft im heidnischen Irland. War dieser Palladius also St. Patrick?

Manche Forscher bezweifeln, ob Patrick sich den Missionsauftrag tatsächlich beim Papst holte. Er vertrat zwar die romorientierte und auf die Zentralgewalt des Hl. Vaters ausgerichtete Kirchenstruktur, doch dürfte diese Haltung zu den Spannungen, die ihn in Irland erwarteten, erheblich beigetragen haben. Aus dem 9. Jahrhundert kursiert der Satz: „Nach Rom zu gehen macht Beschwernis und bringt kaum Gewinn. Den Gott, den du dort suchst, wirst du nicht finden, es sei denn, du bringst ihn mit."

Patrick kam 432 mit 24 Gefährten auf die „Grüne Insel". Die Missionare reisten meist zu zwölft, nach der Zahl der Apostel, über Meer und Land, die heiligen Bücher in einem Ledersack verstaut. Ein Jahr später bereits entzündet Patrick auf dem Hügel von Slane das Osterfeuer und verdeutlicht so den Sieg des Lichtes Christi über die heidnische Welt. Und auf dem „Hill of Tara" überzeugt er den Hochkönig Laoghaire – der später in der Shakespeareschen Dichtung zu Ehren kam –, dass Gott stärker ist als die Macht der Druiden. Anhand des dreiblättrigen Kleeblattes, des „Shamrock", erklärt er den Menschen das Geheimnis der göttlichen Dreifaltigkeit. Das „Shamrock" ziert heute die Hecks der irischen Fluggesellschaft „Aer Lingus" und machte auf Deo-Sprays Reklame für „irischen Frühling". Die alte Weissagung der Druiden erfüllte sich: Es wird ein Mann kommen mit kahlem Kopf und gebogenem Stab. Sein Mantel wird ein Loch für den Kopf haben. An seinem Tisch, der im Osten des Hauses steht, wird er singen, und alle die Seinen werden antworten: „fiat, fiat!"

Was sich hier wie eine Erfolgsgeschichte aus einer Heiligenvita alten Stils liest, war im Grund das Ergebnis schwerer, von Rückschlägen bedrohter Missionsarbeit. Nicht nach dem Motto: Er kam, sah und siegte, sondern eher nach der Erfahrung: Er predigte sich den Mund fransig und erfuhr zunächst kaum Zuneigung, vollzog sich der tägliche Arbeitsablauf des künftigen Heiligen. Persönliche Schikanen blieben nicht aus: Zwischen Roscommon und Tipperary stahlen die Iren ihm die Pferde. Die Bewohner von Kildare unterhöhlten die Straße und ließen seinen Reisewagen in eine mit Laub und Ästen abgedeckte Grube stürzen. Die Jungen am Boyne-Fluss spielten Schabernack mit ihm, indem sie seine Ziege stahlen, die die Milchkrüge trug. Und als er schließlich seinen Lieblingsschüler und Wagenlenker Tothmael, den Gefährten vieler Jahre, am Fuße eines hohen Berges bestatten musste, übermannte ihn die Verzweiflung. Er zog sich wie Moses für 40 Tage in die wilde Einöde der rauhen Berglandschaft der heutigen Grafschaft Mayo zurück, um zu fasten und zu beten und über Erfolg und Misserfolg seiner Predigttätigkeit nachzusinnen. Er ahnte nicht, dass die Iren gerade auf diesem Berg, dem „Croagh Patrick", viel später einmal sein Andenken durch eine große jährliche Bußwallfahrt pflegen würden und ihn zum heiligen Berg der Grünen Insel erküren sollten. Viele Pilger erklimmen am letzten Sonntag im Juli, dem „Garland Sunday", die Spitze, oft barfuß oder auf Knien rutschend, und erreichen ihr Ziel nicht selten mit blutenden Wunden.

Um die Freundschaft zwischen Patrick und Tothmael rankt sich eine schöne Legende: Eines Tages musste der Heilige eine längere Fahrt antreten. Als er den gewohnten Platz in der Kutsche einnehmen wollte, sagte der Gefährte: „Setz dich bitte dieses Mal auf den Kutschbock, ich werde hinter dir sitzen." Patrick wunderte sich über diese Bitte, doch widersprach er ihr nicht. Als sie ungefähr die Hälfte der Reise hinter sich gebracht hatten, verjüngte sich die Straße und wurde enger und enger. Sie befanden sich schließlich in einem Hohlweg, der die Pferde zwang, langsam zu gehen. Just in diesem Augenblick tauchten zwei Männer auf. Einer zielte und warf einen Speer, der Tothmael tödlich traf, aber Patrick zugedacht war, weil sie die Plätze getauscht hatten. Da verstand Patrick, weshalb der Gefährte ihn gebeten hatte, diesmal auf dem Kutschbock zu sitzen. Er musste von einem Anschlag auf den Heiligen gehört haben, wusste jedoch nicht, wann und wo er bevorstand. So gab er sein Leben für seinen Freund. Patrick war über dieses Ereignis so erschüttert, dass er seine Missionsreise unterbrach und sich auf den Berg zurückzog, der später nach ihm benannt wurde.

Im Zusammenhang mit seinem Aufenthalt auf dem „Croagh Patrick" gibt es noch eine weitere schöne Überlieferung: Als Patrick auf dem hohen Berg weilt, um zu fasten und zu beten, hört er Stimmen, Engelstimmen, die zu ihm reden, und sieht schwarze Vögel, die den Berg umflattern und so zahlreich sind, dass die Bläue des Himmels sich schwärzt. Die Vögel schreien und wehen mit den Flügeln. Sind es Dämonen, Geister, Versucher, die ihn umstimmen möchten, zur Aufgabe zwingen wollen? Hat nicht auch Jesus in der Wüste den Versucher erlebt, ihm widerstanden? Patrick betet ohne Unterlass. Hundert Gebete spricht er bei Tag, hundert bei Nacht, bei Schnee, Regen, Hagel und Sonnenschein. Und ein Engel verkündet: Du sollst so viele Seelen aus dem Fegfeuer erlösen, wie in dem Meer Platz haben, das vor dir liegt.

Damit ist nichts gewonnen, sagt Patrick, denn menschliche Augen sind schwach und können nicht weit sehen.

So sollst du so viele Seelen retten, wie auf dem Land und in der See vor deinen Augen Platz haben, erwidert der himmlische Bote. Nun aber geh vom Berg.

Auch mit dieser Antwort ist Patrick nicht zufrieden. Er handelt und feilscht mit dem göttlichen Boten um die Seelen der Menschen, als ob sie Ware wären. Immer mehr Zugeständnisse macht der Abgesandte des Herrn dem hartnäckigen Glaubensboten auf der Bergeskuppe, denn Patrick will ganz Irland zu Gott führen.

Dann aber sind auch die Vögel, die Dämonen wieder da. Sie krächzen und schreien ohne Unterlass. Da greift Patrick zu seiner Glocke und schwingt sie im heiligen Zorn, und er läutet und läutet, dass man ihren Ton in ganz Irland hört.

Patrick lebt auf einem Lager aus Steinen, auch sein Kopfkissen ist aus Stein, wie die Ruhestatt des alttestamentlichen Jakob, der den Traum hatte von der Himmelsleiter. Und vom Himmel erfährt Patrick Zuspruch, seine Seele wird gestärkt durch das Wort des Engels: Du darfst so viele Seelen erlösen, wie Fäden in deinem Messgewand sind. Doch der Heilige gibt sich damit nicht zufrieden. So viele bekommt jeder Heilige, ist seine Antwort, das genügt mir nicht. Doch dann steigt er auf Geheiß des Engels vom Berg hinab und beginnt von neuem seinen beschwerlichen Predigtdienst …

Nach der Legende hat Patrick die Schlangen aus Irland verbannt. In der Tat gibt es dort heute keine größeren Reptilien, was jedoch wahrscheinlich eher auf die Folgen der letzten Eiszeit vor etwa 12 000 Jahren zurückzuführen ist, die Irland von England trennte und die Irische See entstehen ließ.

Aus dem Morgengebet des hl. Patrick

Ich erhebe mich heute in gewaltiger Kraft,
in Anrufung der Heiligsten Dreifaltigkeit,
im Glauben an die Dreiheit,
im Bekenntnis der Einheit des Weltenschöpfers.

Ich erhebe mich heute
in der Kraft der Geburt Christi und seiner Taufe,
in der Kraft seiner Kreuzigung und Grablegung,
in der Kraft seiner Auferstehung und Himmelfahrt,
in der Kraft seiner Wiederkunft zum Jüngsten Gericht.

Ich erhebe mich heute
inmitten der Kräfte des Himmels und der Erde,
im Licht der Sonne und im Glanz des Mondes,
im Leuchten der Feuersglut
und im Sprühen der Blitze,
im Brausen der Stürme

und im Fluten der Meere –
unter mir die Feste der Erde,
vor mir die Härte der Felsen …

Als Patrick das Osterfeuer entzündete, maßte er sich ein Privileg an, das im Grunde nur dem Hochkönig zustand: Am höchsten heidnischen Fest, dem „Feis Beltaine", durfte nur der oberste Repräsentant des Volkes das „neue Feuer" entzünden, das den Aufbruch des neuen Jahres mit dem steigenden Sonnenlicht symbolisierte. Wer gegen diesen Brauch verstieß, riskierte den Opfertod auf dem Scheiterhaufen. Diese kultische Flamme trugen die Diener nach altem Steinzeitritual in die erloschenen Herdstellen der Häuser. Alle Welt in Irland wartete auf das „neue Feuer", das vom Palast des Hochkönigs seinen Weg in die fünf historischen Provinzen nahm. Dieses Feuer befreie das Land von den Wintergeistern, so hieß es, und vertreibe alle mit dem Winter verbundenen Krankheiten. Es besteht kein Zweifel, dass die christliche Osternachtsfeier mit dem Entzünden des Feuers und der Osterkerze aus diesem keltischen Ritual hervorging. Christus war die neue Flamme, das neue Licht, das die Welt erhellte.

Patrick hatte es, wie wir gehört haben, in den Jahren seiner Missionstätigkeit nicht leicht. Mag sein, dass einer der vielen Kleinkönige seine Hundemeute auf ihn hetzte und die Druiden ihm als Begrüßungstrunk einen Becher vergifteten Weins kredenzten, er ließ sich nicht beirren und hielt an seinem Bekehrungsauftrag fest. Wo er nicht mit Liebe und Überzeugung zum Ziel kam, scheute er auch die Drohung nicht: Auf sein inständiges Gebet öffnete sich als Warnung der Eingang zur Hölle. Er ließ die Hartnäckigsten und Widerspenstigsten einen Blick hinein tun – die reuigen Sünder beugten sich willig unter das Taufwasser. Dem alten König Aengus rammte der nicht minder hochbetagte Patrick bei der Taufzeremonie auf dem „Rock of Cashel“ versehentlich seinen Bischofsstab in den Fuß. Der König, an manche ausgefallenen druidischen Bräuche gewöhnt, hielt die blutende Wunde für einen Teil des Taufrituals. Übrigens: Im Lough Derg, unweit der Grenze zu Nordirland in der Grafschaft Donegal, wird noch heute in den Sommermonaten eine asketische Bußwallfahrt mit Schweigen, Gebet und Schlafentzug durchgeführt, die an die Patricksche Höllenvision erinnert.

Die Früchte seiner Missionierung hat Patrick nur in Ansätzen ernten können. Der von ihm ausgestreute christliche Samen brauchte seine Zeit, bis er sich entfalten konnte. So lange er es vermochte, zog der Glaubensmann durch die Lande und er „baptizavit et perexit“ – er taufte und wanderte –, wie es in seiner Vita heißt. Der „Apostel der Iren“ starb 462, vielleicht auch erst 493. Er wurde in Downpatrick zur letzten Ruhe gebettet, was einige Wissenschaftler jedoch bezweifeln. Später trug man auch die hl. Brigid und den hl. Columba hier zu Grabe. Nicht weit von hier, in Armagh, soll Patrick auf einem Hügel seine Hauptkirche gebaut haben, dort, wo heute die Kathedrale der Church of Ireland steht, in Sichtweise des katholischen Gotteshauses. Armagh ist heute Sitz des Primas von Irland. Die Grafschaften Armagh und Down im Umfeld von Downpatrick wetteifern aus touristischen Gründen um die „Gunst“ des Nationalheiligen und erklärten das Gebiet zum „St. Patrick's County“. Eine Episode am Rande: In den letzten Jahren, so wird erzählt, kam es zum Streit über Patricks genaue Herkunft. Für den katholischen Bischof gab es keinen Zweifel, dass Patrick seine theologische Ausbildung in Auxerre erhalten hat und von Gallien nach Irland übersetzte. Der Direktor des St. Patrick Centre im nordirischen Downpatrick bestritt dies, sondern behauptete, Patrick sei niemals in Auxerre gewesen, sondern von Britannien aus zur Missionierung der Grünen Insel aufgebrochen. Die Katholiken könnten sich nicht vorstellen, von einem Engländer missioniert worden zu sein, und hätten deshalb den Umweg über Frankreich erfunden …

Die ältesten Lebensbeschreibungen des hl. Patrick stammen von Bischof Tirechàn sowie Muirchú moccu Machthéni aus dem 7. Jahrhundert. Wenn die Wundertaten des irischen Nationalheiligen erst 200 Jahre nach seinem Tod in aller Ausführlichkeit geschildert und seine Verdienste um das Christentum verherrlicht werden, so wird manche übertriebene Glorifizierung in den Text mit eingeflossen sein. Es ist merkwürdig, dass weder in der von dem Mönch Cogitosus verfassten älteren Vita der hl. Brigid, dem von Adamnán überlieferten Lebenslauf des hl. Columcille noch in der kompakten Kirchengeschichte des Kirchenlehrers und Ordensmanns Beda Venerabilis (673/674–735) von Patrick die Rede ist …

Der „St. Patrick's Day" wird heute alljährlich in Irland, Kanada, in den USA, in Australien, Neuseeland, Südafrika und überall dort gefeiert, wo irische Emigranten-Gemeinschaften bestehen. Da Grün die Farbe Irlands ist, soll am Festtag des Nationalheiligen nicht nur der Chicago-River, sondern auch das Bier grün eingefärbt werden …

Aus dem Morgengebet des hl. Patrick
2. Teil

Ich weihe mich heute Gottes mächtiger Führung,
Gottes wachendem Auge,
Gottes lauschendem Ohr,
Gottes schützenden Händen,
Gottes fürsprechendem Wort,
Gottes leitender Weisheit,

Gottes offenen Wegen,
Gottes bergendem Schild,
Gottes rettender Heerschar.

Christus sei mit mir,
Christus sei vor mir,
Christus sei in mir,
Christus sei unter mir,
Christus sei über mir,
Christus zur Rechten,
Christus zur Linken,
Er die Kraft,
Er der Friede.

Christus sei, wo ich liege,
Christus sei, wo ich stehe,
Christus sei, wo ich sitze,
Christus in der Tiefe,
Christus in der Höhe,
Christus in der Weite.

Ich erhebe mich heute in gewaltiger Kraft,
in Anrufung der Heiligsten Dreifaltigkeit,
im Glauben an die Dreiheit,
im Bekenntnis der Einheit des Weltenschöpfers.

Dass Irland das Christentum ohne große Widerstände annahm, jedenfalls ohne Blutvergießen wie in vielen anderen Missionsländern, wo man die neuen Prediger davonjagte oder auf vielfältige teuflische Weise massakrierte, lag sicher zum Teil an der Methode der Glaubensverkündigung. Patrick und seine Gefolgsleute wie auch die späteren Missionare wandten keine drastischen Methoden an wie in Germanien etwa der hl. Bonifatius, der die Donareiche und damit ein wichtiges Heiligtum kurzerhand niederlegte und später in Friesland die Quittung dafür bekam, nein, die Verkünder der neuen Lehre gingen pädagogisch einfühlsam vor, indem sie die bestehende heidnische Praxis umdeuteten und den Bräuchen und Gepflogenheiten einen neuen Sinn gaben. Also keine Märtyrer, derer man bei der täglichen hl. Messe gedenken kann. Nicht das „rote" Martyrium war Lebensziel, der Tod um Christi willen, den Patrick noch angestrebt hatte, sondern das „weiße" Martyrium, das asketische, total entsagungsreiche Leben, und das „grüne" Martyrium, die „peregrinatio", die Wander- und Pilgerschaft mit dem Zweck der Glaubensverbreitung in fernen Ländern. Nicht ohne Grund hat die irische katholische Kirche heute ihren eigenen Heiligenkalender. Aber was heißt schon „heidnische Praxis"? Dem Wort haftet etwas Negatives und Anfälliges an und steht im Grunde doch für eine als rechtens empfundene und auf langen Traditionen fußende Glaubensausübung der Ureinwohner. Als die christlichen Missionare nach Irland kamen, trafen sie jedoch auf eine intakte keltische Religionsstruktur mit den Druiden, den Opferpriestern und Weissagern an der Spitze, die den Rhythmus des täglichen Lebens und die Bräuche im Jahresablauf bestimmten. Und doch hatte sich in den Visionen der frommen Männer schon längst eine neue Form der Gottesverehrung angedeutet, eine Art „Götterdämmerung", fern noch und unbestimmbar, die die religiöse Zukunft ergänzen, wenn nicht gar verändern und umkehren werde.

Andererseits hat auch die christliche Lehre von den religiösen Vorstellungen der Kelten profitiert und deren geistige Verbundenheit mit Schöpfung und All in ihre Glaubenswelt integriert. Ja, das irische Christentum wurde gespeist von einer keltischen Spiritualität, deretwegen noch heute viele Menschen auf die „Grüne Insel" reisen, um ihre fast magische, erhebende Anziehungskraft als Bereicherung ihres grauen Alltagslebens zu empfinden. Ohne die Kelten wäre Irland möglicherweise direkt von Rom oder von den römischen Provinzen Gallien und Britannien aus missioniert worden. Doch Irland wurde von den Römern nie besetzt, und so kamen weder Soldaten noch in ihrem Gefolge christliche Glaubensvertreter auf die ferne Insel. Römische Strategen haben zwar errechnet, mit wie vielen – wenigen – Legionen man in Irland einfallen müsse, um es zu besiegen, doch der Plan wurde nie ernsthaft erwogen und im Laufe der politischen Entwicklung mit den Folgen der Völkerwanderung schließlich ganz fallengelassen.

Mystische Legendenbildung

Bevor einige auch in unserem christlichen Alltag verwurzelte keltische Bräuche erläutert werden, noch ein Blick in die Geschichte: Das „Book of Leinster", ein Pendant zum berühmten „Book of Kells" , erzählt die Legende vom irischen König Conchobar Mac Nessa, der sich wie viele der etwa hundert Kleinkönige in Irland gern in lokale Kriege und Konflikte verstricken ließ. In einem der Kämpfe war er schwer verwundet worden, jedenfalls lebte er mit einer Speerspitze im Kopf, die sich offenbar nicht hatte entfernen lassen. An einem bestimmten Tag, gleichsam dem ersten „Karfreitag", der zugleich auch sein Todestag werden sollte, beobachtete er verwundert, wie sich der Himmel verfinsterte und sich die Sonne zurückzog. Er wandte sich an einen weisen Druiden und fragte ihn, warum es mit einem Male so dunkel würde. Der Druide offenbarte ihm: Es ist die Stunde, in der weit von uns entfernt ein Sohn Gottes getötet und ans Kreuz geschlagen wird. Er kam, um die Menschheit zu erlösen. Darüber wurde der König wütend und erregte sich so sehr, dass die Wunde in seinem Kopf aufbrach und er daran starb.

Eine fromme Legende, vielleicht auch mehr. Sie zeigt zumindest die tiefe seelische Verbundenheit der Druiden mit dem Weltgeschehen, das sie nicht als leibliche Zeugen, sondern als geistig Schauende wahrnahmen. Die Druiden ahnten oder erkannten, dass eine neue Gottheit,

Keltische Rundzeichnung mit ineinander verschlungenen Hunden

deren Namen sie wahrscheinlich nicht zu benennen wussten, geboren und zum neuen Heilsträger für die Menschheit werden würde. Auf konkrete, auf historische Erlebnisse konnten sie sich freilich nicht berufen, sie waren ja nicht Augen- und Ohrenzeugen wie die Apostel und Jünger im Heiligen Land. Druiden waren Wissende, geistig Sehende, die gleichsam in metaphysischer und geistiger Schau mit hellseherischen Kräften ausgestattet das Leben und Wirken bestimmter Persönlichkeiten verfolgen konnten – so vermutlich auch das Leben Jesu.

Doch tauchen wir noch etwas tiefer in die Geschichte ein: Eine der ältesten Mythen Irlands reicht bis in die Zeit der Sintflut zurück. Sie erzählt von Nehmed und seinen Gefährten, die nach langer Odyssee endlich Irland erreichten und die Insel in Besitz nahmen. Es waren Bauern, die den Boden bewirtschafteten. Auf sie gehen auch jene Ringburgen zurück, deren Reste man heute noch mancherorts findet. Nachfahren Nehmeds entschlossen sich zur Auswanderung, doch deren Kinder und Kindeskinder kehrten aus Thrakien ins Land ihrer Väter zurück. Sie nannten sich jetzt „Fir Bolg", was man mit „Sackmenschen" übersetzen könnte. Die dunkelhaarigen kleinen Fir Bolg sollen die Vorfahren der späteren Könige von Irland sein.

Nehmed hatte noch andere Kinder, die von Irland aus ins nördliche Europa zogen, um die Weisheit und Rätsel jener Länder zu erforschen, und die „Tuatha Dé Danann" genannt wurden. In jener Zeit waren die Menschen noch stark mystisch veranlagt, die Kräfte des Gefühls und Gemüts waren in ihnen stark ausgeprägt. Die Fähigkeit der geistigen Intuition ging erst mit der Zeit verloren. Als die großen rothaarigen Tuatha Dé Danann aus dem Norden zurückkehrten, verschafften sie sich Raum und besiegten ihre Geschwister. Das Zusammentreffen der beiden unterschiedlichen Völker aus Süd und Nord war für die Entwicklung der Inselbevölkerung von eklatanter Bedeutung. Die Fir Bolg stellten zukünftig das Königtum, die Tuatha Dé Danann das Priestertum mit den Druiden an der Spitze.

Die Söhne des Mil, Milidh oder Milesius verdrängten die Tuatha Dé Danann. Das kleinasiatische Milet, in dem später der berühmte Philosoph Thales geboren wurde, gilt aus Ausgangspunkt ihrer Wanderung nach Westen. Die Milesier ruhten nicht eher, als bis sie Irland erreicht hatten. Sie mussten gewusst haben, dass es diese Insel „in der hintersten Ecke der Welt“ gab. Sie schickten ihre Schüler als Kolonisten, die das Geheimnis des irischen Bodens, die Kräfte seiner Erde ergründen sollten. Es gibt ja Orte, an denen der Mensch sich besonders heimisch fühlt und glaubt, vor Zeiten schon einmal an ihnen geweilt zu haben. Die mysteriöse Ausstrahlungskraft des vorchristlichen Irland wirkte in jener gefühlsbetonten, verinnerlichten Zeit wesentlich tiefer auf die Menschen. Die verdrängten Tuatha Dé Danann lebten in den Legenden des Volkes fort, sie wurden Feen und Geister – „Sidhe“, „Fairies“ und „Leprechauns“.

Als Ogma, der Ire, den Milesier fragte, wie er Kunde von Irland erhalten habe, antwortete dieser: „In der Mitte der großen Ebene erhebt sich ein Turm von Kristall. Seine Spitze dringt in den Himmel, und von dort aus gewahrte der Weiseste unter uns dieses Land. Als er es erblickte, wurde sein Herz von Sehnsucht erfüllt. Und als er uns von diesem Land erzählte, wurden auch unsere Herzen von Sehnsucht erfüllt. Darum machten wir uns auf, das Land zu suchen. Und siehe, wir haben es gefunden.“ Irland ist in einem mystischen Bild also das Land der Sehnsucht. Eine Legende berichtet, wie Irland als ein Abbild des Paradieses geschaffen wurde, das der Fuß Luzifers nicht betrat. Anders ausgedrückt, dieser Ort blieb von Versuchung und Sündenfall frei, hier hielt sich ein Rest der ursprünglichen, von Gott für den Menschen geschaffenen Welt mit paradiesischen Zuständen, als Ort der Seele, der totalen Vergeistigung, der Spiritualität und der vollkommenen Harmonie. Kein Wunder, dass alle Welt diesen Ort zu erreichen suchte.

Die Kelten als prägendes Element

Zwischen dem 3. und 5. Jahrhundert vor Christus siedelten die Kelten in Irland. Ihre Stämme hatten sich, vom Oberrhein ausgehend, in den Alpenländern, Teilen von Frankreich und Spanien, Österreich und den Donaugebieten niedergelassen und dehnten ihren Herrschaftsbereich auf Italien, den Balkan und Griechenland sowie den Westteil der Britischen Inseln und schließlich auf Irland aus. Der Name „Keltoi" bedeutete „der Bekleidete"; altirisch heißt „celt" der Mantel. Sie gingen also nicht nackt wie die Urbewohner West- und Mitteleuropas. Die Kelten waren in Rasse und Sprache ein Zweig der westlichen Indogermanen und von auffälliger Ähnlichkeit mit den Germanen: hochgewachsen, blond oder rothaarig, blauäugig und langköpfig. In Irland nannten sie sich „Goidil", daraus ist die neuirische Bezeichnung für „Gälen" abgeleitet. Die Kelten respektierten die angetroffene Kultur, sie achteten die religiöse Überlieferung und nahmen Teile des Kultes in ihre eigene Religion auf – ähnlich wie es die christlichen Missionare mit den keltischen Bräuchen taten. Die Kelten belebten die Megalith-Kultur und ihre heiligen Stätten, die Menhire, Dolmen, Steinsetzungen und Cromlechs, die Orte der alten Götterverehrung.

Der Urzeitmensch lebte aus der Natur und mit ihr, er war gleichsam ein Teil von ihr. Das Werden und Vergehen der Jahre, die Sonnenstände, die Konstellation der Sterne,

Naturkatastrophen, Regen- und Hagelschauer, Blitz- und Donnerwirkung beeinflussten sein Dasein und bestimmten auffällig sein Verhältnis zu Schöpfer und Schöpfung. Alles, was der Urmensch im Lebensumfeld erfuhr, zeigte sich ihm als das Walten der Götter, als Offenbarung einer höheren Ordnung, der er sich fügte und der er in Ehrfurcht untertan war. Geistliche Führer lenkten das Bedürfnis nach religiöser Betätigung, nach Gottesdienst. Ihre Namen sind so verschieden wie die Länder der Erde. Die Hochkulturen Asiens besaßen ihre Religionsstifter Krishna, Zoroaster, Buddha. Der legendäre Priester Seth begründete die mystische Nachfolge des Priestertums bei den Juden. Aaron war einer ihrer späteren Vertreter. Wir finden die Schamanen im nördlichen Asien als Träger religiöser Kultur und bei den Völkern des europäischen Nordens die Druiden. „Druide" leitet sich von „drui" (Singular) und „druad" (Plural) ab. Im Walisischen heißt es „dryw" (Singular) und bedeutet „Erkennen der Eiche" oder „Eingeweihter dritten Grades".

Alle Vertreter der Priesterschaften alter Hochkulturen galten als „Eingeweihte". Sie beherrschten die Trance, konnten sich in weltentrückte Zustände versetzen. Das übersinnliche Schauen und visionäre Erleben begründeten ihren hohen geistigen Rang. Nicht einmal der Hochkönig durfte vor einem Druiden das Wort ergreifen. Die Druiden waren Priester, Opferweise und Magier. Einer aus ihrer Mitte war Oberdruide. Das Amt war nicht erblich und wurde durch harte, langjährige Schulung, durch Meditation, Fasten, Beten, Entsagung, aber auch durch körperliche Kasteiung erworben. Hier drängt sich bereits der Vergleich mit den strengen Ordensregeln der ersten christlichen Mönche auf. Die Druiden lehrten Astronomie, Geographie, sie besaßen eine hohe Kenntnis von der Natur, von der Medizin und der Theologie. Sie wussten, dass die Seele unsterblich ist, und sie glaubten an Seelenwanderung. Die Druiden bestimmten die Festzeiten eines Jahres. Sie errechneten die günstigen Tage für die Frühjahrsaussaat und den Zeitpunkt der Ernte. Ein Rest dieser Weisheit ist in unseren Bauernregeln erhaltengeblieben. Die Druiden gestalteten Brauchtum und Tradition, sie erkoren den Ort der Gottesverehrung, sie lasen Gottes Willen aus der Schrift der Sterne. Es ist überraschend, wie stark sich urreligiöse Elemente über die ganze Erde in ähnlichen Kultformen wiederfinden.

Sonne, die du rollst dort oben,
rund wie der Schild meines Vaters.
Woher sind deine Strahlen,
woher ist dein unverlöschendes Licht?
Du steigst empor in erschreckender Schönheit,
die Sterne verbergen sich tief in den Himmel,
der Mond, fröstelnd und bleich,
sinkt in die westliche Woge.
Aber du schreitest dahin,
allein,
wer kann Gefährte dir sein
auf deiner Bahn …?

In diesem Gedicht, das dem sagenhaften blinden Barden und Sänger Ossian (Oisín) zugeschrieben wird, kommt der hohe Sonnenkult zum Ausdruck, der nicht nur von den Kelten und ihren Priestern, sondern in fast allen Teilen der Welt gepflegt wurde. Die Druidenkultur fußte auf den Impulsen der Gestirne, vor allem aber der Sonne. Der Mensch trennte sein eigenes Seelen-Leben noch nicht vom Naturleben ab, er war gleichsam Teil der Natur und folglich auch ihren Zeichen verhaftet, deren leuchtendstes die Sonne ist.

Der Sonnenkult spielt in den religiösen Praktiken der alten Kulturen eine große Rolle. Versetzen wir uns nach Ägypten, wo der Pharao Echnaton der Sonne göttlichen Charakter verlieh. Da die keltisch-christliche Kirche Irlands durch ihre Kontakte zu den ägyptischen Wüstenvätern und zu der dort vorherrschenden koptischen Kirchenpraxis von dem überragenden Sonnenkult wusste, übertrug sich die gesonderte Stellung dieses bedeutendsten Himmelskörpers auch auf den Lebensalltag auf der Grünen Insel. Die Sonne war Lebensspenderin. Sie gab der Erde Wärme. Sie war zugleich jedoch auch Gleichnis für den Lebensverlauf. Sie erhob sich morgens im Osten, stieg über den Himmelsbogen zum Zenit und senkte sich dann langsam abwärts in die Wiege des Ozeans. Geburt, Lebensmitte und Vollendung schienen in diesem Bild greifbar zu sein. Der hl. Brendan, von dem noch die Rede sein wird, segelte in einem Boot aus Weidengeflecht westwärts den Weg der untergehenden Sonne nach, das „Land der Seligen" zu suchen. Wo mochte sie über Nacht bleiben, wenn sie des Morgens frisch und siegreich wiedererstand? Das allseits beliebte und bekannte Bild der Sonne war den Missionaren willkommen bei der Umschreibung der Person Jesu Christi. War er nach der Todesnacht nicht ebenso siegreich wieder zum Licht des Tages emporgestiegen und damit zum „Sol invictus", zur unbesiegbaren Sonne geworden?

Wenn du hinausgehst,
wünsche ich dir einen heiteren Himmel
über allem, was du gern tust,
über allen Dingen, die du liebst.
Gottes Segen umgebe dich ganz.
Sein Licht aus der Höhe erleuchte dich,
und tiefe Zufriedenheit fülle dich aus –

heute und an jedem Tag, der vorübergeht.
Ihr ungezählten Grashalme,
ihr Sandkörner am Ufer der See,
ihr Tautropfen in der Morgensonne:
Mögen die Segenswünsche des Königs der Gnade
auf allen ruhen, die vorübergehen,
die einst waren,
die jetzt sind
und demnächst sein werden.
Möge der Segen über jeden kommen,
in dessen Gesicht ich unterwegs sehe.
Gottes Segen gelte dir,
aber auch mir.

Wenn schon von den Kelten die Rede ist, so soll ihr Einfluss auf das Christentum noch etwas mehr vertieft werden, denn manche unserer christlichen Feste wurzeln in keltischer Tradition und Spiritualität. Doch zunächst einige Vorbemerkungen zum Kreuz: Lange, oft zwei bis drei Meter hohe Steinsäulen, sogenannte Menhire, markierten den Kelten an ausgewählten Plätzen die Nähe Gottes und dienten ihnen als Versammlungs- und Betort. Sie standen in Zentren von Wasseradern und tellurischen Strömungen. Der Menhir, der lange Stein, versinnbildlichte den Kelten ähnlich wie der Baum den Germanen die Erde-Himmel-Achse, wurde also als Verbindung von „unten" nach „oben" verstanden, von der Menschen- zur Götterwelt. Die Menhire wurden zu Vorläufern der Hochkreuze, indem die christlichen Missionare ihnen erst mit Bedacht kurze, dann gezielt größere Querbalken verliehen und Stamm und Querbalken mit keltischem Ornamentschmuck versahen. Im Laufe der Zeit und mit der Entwicklung der Hochkreuze bis hin zu den großen Steinringen meißelten die Steinmetze ihnen biblische Szenen des Alten und Neuen

Testamentes ein, die in einer bestimmten Abfolge miteinander korrespondierten und zu schlüssigen Aussagen führten. Diese „Bibelkreuze" oder „scriptures-crosses" dienten dem leseunkundigen Volk gleichsam als Homilie, als Religionsunterricht zum besseren Verständnis der Heilsbotschaft.

Der Mönch Johannes Cassian, der bei den ernsten Mönchen Ägyptens in die Schule ging, gab sein Wissen und seine Erfahrung an das Mönchtum des Westens weiter und lehrte sie die „Methode zur Sammlung unserer Herzen". Wenn die Gedanken und Gefühle der Menschen zur Ruhe kommen und frei von jedweder Ablenkung sind, vernehmen sie Botschaften des Wortes, das seit Anbeginn der Welt besteht und durch das alles geschaffen ist. Die keltische Tradition fußt auf der Mystik des Johannesevangeliums. Unser Leben und das Leben der ganzen Schöpfung sind vielfältige Äußerungen und Ausdrucksweisen Gottes, nicht auf einen Bereich der Wahrnehmung beschränkt, sondern allumfassend und allgegenwärtig. Um die innere Tiefe des eigenen Lebens zu erkennen, muss man beten, beten, beten, bis die Tränen kommen – riet der irische Heilige Kolumban bereits im 6. Jahrhundert.

Der keltische Ursprung unserer Feste

Unser Kirchenjahr wird von einigen Festen begleitet, die ihre Wurzeln im Keltentum haben. In jüngster Zeit hat „Halloween“ ein zweifelhaftes Comeback erfahren, bei Kindern wohl eher aus dem Wunsch heraus, Kürbisköpfe auszuhöhlen und mit Lichtern zu versehen sowie sich zu verkleiden und an den Haustüren Geld- oder Sachgeschenke zu erbitten. Der Ursprung ist „Samhain“, der keltische Neujahrstag. Er bezeichnete den Vorfahren das Ende eines landwirtschaftlichen Jahres und den Beginn eines neuen. Auch wenn im Winter äußerlich nichts gedeihen konnte, im Schoß der Erde wuchs die neue Saat bereits heran und wartete auf ihre Stunde. „Samhain“ war das Bekenntnis zu einem neuen Frühling, zu neuem Leben. Es war zudem ein Festtag, an dem die Distanz zwischen Himmel und Erde besonders klein war. Die Seelen der Verstorbenen konnten aus der Jenseitswelt auf die Erde zurückkehren und sich den Lebenden zugesellen. In der ersten Novembernacht öffneten sich zudem die Hügel der Feen, die Erde war von unzähligen Geistern bevölkert. Aus diesem heidnischen entwickelte sich ein christlicher Feiertag: „All Hallow's Even“ oder „All Saints' Day“ – Allerheiligen. Dass „Halloween“ heute hierzulande von Jugendlichen als fröhliche „Masken-Party“ oder Disco-Fest gefeiert wird, ist eine grobe Verkennung seines

Ursprungs. Es ging nämlich mit einem Menschenopfer einher: Die Druiden losten eine Familie aus, die ein Kind zu „opfern" hatte, welch himmlischen Kräfte man auch immer dadurch zu besänftigen hoffte.

Am 1. Februar feierten die Kelten „Imbolc", die Zeit, in der sich der Schnee allmählich zurückzieht und die Sonne an Kraft zunimmt. Manche Pflanzen und Tiere zeigen bereits Zeichen neu beginnenden Lebens. Im 6. Jahrhundert entstand aus diesem keltischen Fest am Ende unseres 40tägigen Weihnachtsfestkreises „Maria Lichtmess". Der 1. Februar war zudem der Festtag der hl. Brigid, der wohl wichtigsten und beliebtesten irischen Heiligen.

Der zweithöchste keltische Feiertag nach „Samhain" war am 1. Mai „Beltane". Es bedeutete den Beginn der warmen Jahreszeit und die Rückkehr des Sommers. Die Arbeit auf den Feldern begann. „Beltane" muss ein ausgelassenes Fest gewesen sein mit Tänzen und Liebesspielen. Zum Ritual gehörte auch das Aufstellen eines Maibaumes. Den erotischen Exzessen mit einem Mädchen als Königin an der Spitze setzte die Kirche allerdings einen neuen Akzent entgegen, indem sie Maria, die reine Gottesmutter, zur Maienkönigin erklärte. Am Beltanefest entzündete Patrick auf dem Hügel von Slane „sein" Feuer und entfachte damit einen an Spannungen und Auseinandersetzungen reichen Diskurs um den „wahren" Glauben.

Am 1. August stand das nächste Fest ins Haus: „Lughnasadh" oder „Lammas". Es war ein fröhliches Sommerfest zu Ehren des keltischen Sonnengottes Lugh, ägyptisch „Rah". Die erste Getreideernte stand ins Haus, Obst- und Schlachtfest folgten später. Aus dem ersten zu Mehl gemahlenen Getreide backte man frisches Brot, den Rest verarbeitete man zu Met oder Ale. Der Dank für die Gaben der Natur wurde ausgelassen gefeiert. Wettkämpfe gehörten auch in den Reigen der Veranstaltungen um dieses Lugh-Fest, das bei uns im „Erntedankfest" später seine Entsprechung gefunden hat.

Die ersten missionierenden Mönche der nachpatrickschen Ära sahen keinen Grund, sich von diesen keltischen Traditionen zu trennen. Sie gaben ihnen vielmehr eine christliche Deutung und versahen sie mit neuen Inhalten. Gerade das Verhältnis der Kelten zur Umwelt, zur Natur, zur Schöpfung ist vielen Menschen heute sympathisch und nachahmenswert. Der Kosmos besaß für sie gleichsam eine heilige Dimension. Die Welt um sie herum war kein fernes, fremdes Element, sondern sie waren Teil von ihm, das ihnen besonders schützenwert erschien. Diese Wertschätzung ging so weit, dass Bäume, Hügel, Gräser für sie heilig waren. In den Flüssen und Quellen lebten Geister, das Wasser war nicht nur zum Gebrauch bestimmt, sondern im übertragenen Sinn Leben spendendes Elixier. Die Achtung vor der Schöpfung ging so weit, dass jeder Baum, ja, selbst jeder Grashalm Sitz einer Gottheit sein konnte. So wie die Schöpfung harmonisch war, so sollte auch die Menschheit in Harmonie zusammenleben. Jeder neue Tag war zugleich ein neuer Schöpfungstag, einmalig und unwiederbringlich. In den keltischen Gebeten kommt diese Sicht der Dinge zum Ausdruck.

Diese Weltsicht darf jedoch nicht darüber hinwegtäuschen, dass die Kelten als Krieger sehr grausam sein konnten, wenn es um ihre Eroberungs- oder Verteidigungszüge ging. Für sie trennten sich Himmel und Erde nicht voneinander, sondern durchdrangen sich. Die Jenseitswelt war mit der irdischen verbunden, das Transzendente wirkte in das irdische Leben hinein, das Sichtbare und das Unsichtbare waren nicht wie mit einem Schneidemesser getrennt. Das Reich der Lebenden und das Reich der Toten existierten nicht neben-, sondern miteinander. Es gab Orte des Übergangs zwischen diesen beiden Welten, und

Scheibe mit eingravierten keltischen Ornamenten, 7. Jahrhundert

die Kelten nannten sie „die dünnen Plätze“. Das waren heilige Bezirke und Landschaften, Gott geweihte Orte, an denen Menhire standen, sich Steinkreise und heilige Haine befanden, deren Bäume sich dem Himmel entgegenstreckten und die in den Pfeilern der gotischen Kathedralen ihre Entsprechung fanden.

Wenn Gott in Menschen und Dingen allgegenwärtig war, so auch in den leblos erscheinenden Steinen. Heute versucht man, die „Heilkraft“ der Steine wiederzuentdecken und bestimmten Menschentypen entsprechende

Mineralien und Kristalle zuzuordnen. Die Kelten lebten in einer realen Welt und stellten sich ihren Herausforderungen, und waren doch „Mystiker des Alltags“, die ihre Erwartungen und Träume in Gebete fassten. Doch eines scheint ein Kernanliegen keltischer Spiritualität gewesen zu sein: das Glück des Menschen. Nicht das äußere Glück, das sich auf Wohlstand und Wohlergehen beschränkt, sondern das Glück inneren Wachstums. Glück wird hier als Lernprozess verstanden, der der Seele dient. Wer sich mit keltischer Spiritualität befasst, wird Glück als stetes Wachstum seiner individuellen Möglichkeiten, Fähigkeiten und Einsichten begreifen, ein Glück, das sich nicht ängstigt und das durch Angst nicht zum Unglück wird.

So entstanden in Jahrhunderten jene schönen, vom christlichen Geist durchdrungenen „irischen Segenswünsche“, Verse und Gedanken von einmaliger Bild- und Klangstärke, von denen in den letzen Jahren eine Vielzahl als Geschenk- und Meditationsbändchen auf dem Buchmarkt erschienen sind.

Segne, o Herr, meine Tage,
den ersten wie den letzten,
und den Raum zwischen ihnen.
Segne meine Ohren, damit sie deine Worte hören,
segne meine Hände, damit sie deine Liebe verschenken,
segne meine Augen, damit sie sehen, was ich tun muss
in deinem Namen.
Segne meinen Mund, damit er dich preisen kann
von der ersten Stunde meines Lebens bis zur letzten.

Wie entstanden die Klöster in Irland?

Der Historiker Michael Richter bestreitet, dass Patrick je in Rom gewesen ist. und verweist auch seinen Aufenthalt auf der Insel Lérins ins Reich der Legende. Nach ihm gibt es dagegen „recht gute Anzeichen für eine nicht unerhebliche christliche Gemeinde in Irland seit dem 4. Jahrhundert", die vor allem in der Provinz Leinster beheimatet war. Das Christentum kann sowohl aus Gallien als auch über den Weg von Wales nach Irland gekommen sein.

Die führenden Vertreter des frühen Christentums in Irland waren neben Patrick Colum Cille/Columcille/Columba – die kleine Taube der Kirche – und Columban. Ihre Lebensläufe werden noch gesondert vorgestellt. Patrick und seine beiden Mitstreiter haben wohl verschiedene Richtungen des Christentums auf der Grünen Insel vertreten. Patrick wollte eine Kirche nach römischer Ordnung, mit der Diözese als Verwaltungseinheit, die beiden anderen sahen als Ausgangspunkt für die Zukunft der Kirche eher die Klostergründungen, die in Irland ab dem 5. Jahrhundert so zahlreich vorhanden waren, und betonten damit die Bedeutung und den Einfluss der Mönche auf die Missionsarbeit. Merkwürdig ist, dass sich die Viten zahlreicher Klostergründer und Mönche erhalten haben, nicht aber die eines Bischofs aus jener oder späterer Zeit. Manche Klostergründer in der Mitte des 6. Jahrhunderts waren jedoch zugleich Äbte und Bischöfe. Die Schwierigkeiten, die Patrick nach seiner Ankunft auf der Grünen Insel hatte, scheinen die späteren Missionare nicht mehr gehabt zu haben. Zur Zeit Columbas muss die neue Religion bei den führenden Köpfen des Landes großen Anklang gefunden haben, auch wenn sie nie Staatsreligion wie die römische Kirche wurde. Vielleicht hat das Christentum wie die Urkirche vor Konstantin durch Überzeugung gewirkt. Die Generationen der Gelehrten im Lande repräsentierten eine gesellschaftlich hoch angesehene Schicht. Zu ihnen gehörte das Königtum, das sakralen Charakter besaß. Nachdem das Christentum in der Ober- und Herrscherschicht Akzeptanz gefunden hatte, gab es auch für christliche Amtsträger wie Äbte und Bischöfe in ihr einen Platz.

Wenn ein Vertreter der herrschenden Dynastie zum Christentum gefunden hatte, so folgte ihm auch sein Clan, die Gemeinschaft seiner Großfamilie. Neben den etwa hundert Kleinkönigreichen, die oft miteinander in Konflikt lagen – und sei es wegen eines gestohlenen Schafes –, gab es namhafte Sippen und Adelsfamilien, die sich gegenseitig an Bedeutung zu überbieten suchten. Mit der überzeugten Annahme des Christentums kam der Häuptling zu neuen Ehren: Er wurde Vorsteher eines Klosters, und seine männlichen Familienangehörigen oder Untertanen rückten in die Reihen der Mönche ein. Man darf eine solche Kommunität nicht mit einer Klostergemeinschaft von heute vergleichen. Doch wurden aus den rauhen und an Händel gewohnten Gesellen mit der Zeit überzeugte und bußfertige Träger des Mönchtums; die „Bußbücher" hinterließen Beispiele für die strenge Christusnachfolge.

Gott segne das Leder meiner Schuhe …

Baden will ich meine beiden Augen
diesen Morgen
in den dreimal drei Strahlen
der lebendigen Sonne,
gleich der Jungfrau Maria
in der ägyptischen Wüste,
da sie ihrem Sohn
die Nacht aus dem Gesicht wusch
mit der lauen weißen Milde der gesegneten Brac,
dass Gott Vater mir die Schärfe
meines rechten Ohres segne,
darum bitte ich;
dass Gott Sohn mir die Schärfe
meines linken Ohres segne,
darum bitte ich;
dass Gott Heiliger Geist
mir die Redlichkeit meiner Zunge segne,
darum bitte ich;
dass Gott Vater das Leder meines rechten Schuhes segne,
darum bitte ich;
dass Gott Sohn das Leder meines linken Schuhes segne,
darum bitte ich;
dass Gott Heiliger Geist
den Filz meines lohfarbenen Hutes segne,
darum bitte ich.
Mit Gott Vater am rechten Ärmel
begebe ich mich getröstet
auf diese weite Reise;
mit Gott Sohn am linken Ärmel
bebebe ich mich getröstet
auf diese weite Reise;
mit Gott Heiliger Geist zu Häuptern

begebe ich mich getröstet
auf diese weite Reise.
Drei sind ein einziger,
und ein einziger sind drei.
O wahre, wunderbare Dreifaltigkeit,
steh mir bei in allen Nöten,
Mühsalen und Gefahren des fremden Landes!

Seit Julius Caesar war Britannien eine römische Provinz. Das bedeutet, die Römer hatten ihre Kultur mitgebracht, Städte gebaut, Straßen gezogen, Bäder errichtet, ein Abwassersystem installiert. Als die Glaubensboten nach Irland kamen, fanden sie dergleichen nicht vor. Sie konnten sich also nicht – von Beispielen berichtet die Apostelgeschichte – auf den Marktplatz einer Stadt stellen, eine große Zuhörerschaft erwarten, predigen, mit Menschen diskutieren. In Irland gab es Dörfer, kleine Ansiedlungen ohne vergleichbare Errungenschaften zur römischen Städtebaupraxis, mit Reet gedeckte Häuser, eine dünne Besiedlung der weiten, einsamen Landschaft. Wer sich hier Gehör verschaffen wollte, musste umherziehen, die Leute ansprechen und sich auf Dauer ein Domizil suchen. Die christlichen Missionare waren in erster Linie Wanderprediger und Klostergründer.

Es gibt immer wieder Hinweise, dass das Mönchtum, das sich in Irland entwickelte, sich an koptischen Vorbildern gemessen habe, dass es in seiner Ausrichtung und Glaubenspraxis den Klöstern Ägyptens, der Thebais, ähnlich oder gleich gewesen sei. In der Tat ist auf den ersten Blick eine entfernte Verwandtschaft nicht zu bestreiten. Die unterschiedliche Entwicklung hing allein schon von den Gegebenheiten der Natur ab: in Ägypten die Wüste mit Sand und Hitze, in Irland die Graslandschaft und das milde, zum Regen neigende Klima. Beiden Mönchsrichtungen war der Wunsch nach Einsamkeit, nach Abgeschiedenheit, nach Kontemplation gemeinsam. Beide Klosterformen waren „Selbstversorger", das bedeutet, sie waren im Gegensatz zu vielen Gründungen auf dem Kontinent von Zuwendungen und Schenkungen durch mächtige Potentaten unabhängig. Allerdings hat in Irland mancher König Grund und Boden für einen Klosterneubau gestiftet. Während zahlreiche Klöster auf dem Festland groß und reich wurden, nahmen in Irland bestenfalls die Bedeutung ihrer geistigen Ausstrahlung und die Zahl der Konventualen zu. Klöster mit 3000 Mönchen waren – wie in Bangor – keine Seltenheit.

In Irland gibt es sechs oder sieben Ortsnamen, die mit „Dysert" beginnen. Darin steckt das lateinische Wort „desertum", Wüste. „Dysert O'Dea" bedeutet also „Wüste von Gott". Nun existieren in Irland keine Wüsten wie etwa in Ägypten. Doch die Mönche schufen sich in Anlehnung an die Tradition der Wüstenväter der Thebais eine „grüne Wüste", sie suchten einsame, abgelegene Orte, die zur Reflexion, zur Meditation geeignet waren. Wie die Eremiten in den Höhlen und Kellien der libyschen, der syrischen Wüste, so wollten es ihnen die irischen Einsiedler gleichtun. Doch woher wussten sie voneinander? Es gibt keine bestätigten Hinweise darauf, dass es einen Austausch beider Mönchsrichtungen gegeben hat, oder dass irische Mönche in ihrer geistigen Unruhe, andere Länder kennenzulernen, um das Wort Gottes zu verbreiten, auch durchs Mittelmeer bis nach Ägypten gesegelt sind. Es ist auch nicht bekannt, dass aus der Thebais ein Aufbruch koptischer Mönche Richtung Westen stattgefunden hätte. Und doch haben die Iren die Schriften der ägyptischen Wüstenväter gekannt. Manche Forscher verneinen einen Zusammenhang zwischen der frühirischen Kirche und dem Koptentum. Dennoch ist dessen Einfluss auf der

Grünen Insel nicht zu leugnen. Ingeborg Meyer-Sieckendiek hält in ihrem lesenswerten Band „Gottes gelehrte Vaganten – Die Iren im frühen Europa" allerdings ein Zitat aus dem Martyrologium des Oengus, dem sogenannten Félire Oenguso, fest: „SS septem Monachos Aegiptios qui iacent in disert Ulidh invoco" – Die sieben heiligen ägyptischen Mönche, die in der Abgeschiedenheit von Ulidh ruhen, rufe ich an. – Hier gibt es noch manchen Klärungsbedarf. Fest steht jedenfalls, dass der Versuch Patricks, in Irland eine romabhängige Kirche mit einer Episkopalverfassung zu etablieren, gescheitert ist, und dass das Christentum im Lande über Jahrhunderte hinweg noch vorwiegend monastisch ausgerichtet war. War es auch der Einfluss Martins von Tours, der sich hier auswirkte, und der ja neben Benedikt ebenfalls als Vater des abendländischen Mönchtums bezeichnet wird?

Die Kopten – Nachfahren der Pharaonen

Der Name „Kopten" bedeutet im Kern nichts anderes als „Ägypter". Im koptischen Christentum leben Elemente der pharaonischen Kultur fort. Die Kopten sind als Christen stolz auf ihre lange Geschichte und ihre altehrwürdige Tradition, denn sie haben der Welt viele geistige Impulse gegeben, nicht zuletzt den keltisch-christlichen Mönchen in Irland. Bekanntlich begannen die Apostel und Jünger bald nach der Auferstehung Jesu mit ihren Missionsreisen, um den Ländern die Frohe Botschaft zu verkünden. Die weltberühmten Wüstenklöster, die eine lange Tradition aufweisen, waren und sind noch heute geistige Quellen und spirituelle Kraftfelder. Bedeutende Vertreter waren Antonius Eremitus (um 252–356), auch als „Fickeltünnes" bekannt, weil er oft mit einem Schwein abgebildet wird, sowie Pachomios (um 292–346). (Mehr dazu in meinem Buch „Worte aus der Stille – Weisheit der Wüstenväter".)

Die koptische Kirche führt ihre Entstehungsgeschichte auf den Evangelisten Markus zurück, der im ersten Jahrhundert in Ägypten missionierte und erster Bischof von Alexandria war. Dort starb er im Jahre 68 als Märtyrer. Deshalb nennt man die koptische Kirche, die eine christliche altorientalische Kirche Ägyptens ist, auch manchmal alexandrinische Kirche. Unter Kaiser Diokletian hatte sie entsetzlich zu leiden. Sie wurde schon bald zur Märtyrerkirche. Die Kopten zählen bis heute ihren Kalender nach dem Jahr 284, das war der Amtsantritt Diokletians, ihres größten Widersachers auf dem Kaiserthron. Die koptische Kirche wird in ihrer „Glanzzeit" bis zur islamischen Eroberung etwa 18 Millionen Christen gezählt haben, heute schwankt die Zahl in Ägypten, dem Mutterland, zwischen sieben und neun Millionen. Der 117. Nachfolger des hl. Markus ist Papst Shenuda III. Er ging wie alle Bischöfe und Päpste aus einem der Mönchsklöster hervor. Ein Teil der koptischen Kirche ist mit Rom uniert, der größere Teil ist orthodox. Der orthodoxe Bischofssitz für Deutschland befindet sich im Kloster der hl. Jungfrau Maria und des hl. Mauritius in Höxter-Brenkhausen, wo ein früheres Zisterzienserinnenkloster seit 1994 in Eigenleistung zu einem koptisch-orthodoxen Männerkloster mit Begegnungsstätte sowie einem Zentrum für Ökumene ausgebaut wird. Bischof ist Anba Damian.

Nicht mit jedem der altirischen Klostergründer können wir uns beschäftigen. Zur ersten Gruppe der Klostergründer gehören Búithe († 521), der Monasterboice ins Leben rief, wo uns heute noch einige Hochkreuze durch ihre Formenreichtum überraschen, Brigid von Kildare († um 524), Enda von den Aran-Inseln († um 530), Iarlaithe von Tuam (er wirkte um 540), Finnían von Clonard († um 549) und Ciarán von Clonmacnoise, († 549), der auf den Wiesen am Shannon die wohl größte Klosteranlage schuf. Eine Reihe der frühen Klosteranlagen entstanden an Flussläufen, wofür die Silbe „Clon" für Wiese steht. Das Wortelement „kil" ging aus dem lateinischen „cella" hervor und verweist ebenfalls auf eine Gründung, die sich aus einer einfachen Niederlassung entwickelte. Nimmt man eine alte Landkarte zur Hand, auf der die Klöster abgebildet sind, so sieht man, dass sie sich wie in einem breiten Band von Ost nach West durch Mittelirland ziehen.

Die nächste Phase der Klostergründungen in der zweiten Hälfte des 6. Jahrhunderts entsprach nicht diesem Schema, sondern die Niederlassungen sind punktuell überall im Lande zu finden. Oftmals entstanden Klöster ja aus Einsiedeleien. Ein Eremit zog sich in die Einsamkeit zurück, später scharten sich Mitbrüder oder Schüler um ihn, und die Anlage wurde baulich erweitert. Weitere wichtige Klostervorsteher waren Brendan von Clonfert (484–577), der außer Clonfert (563) noch Klöster auf den Inseln um Iona gründete, Comgall von Bangor († 603), der außer Bangor (555/59) noch Tiree begründete, Brendan von Birr, Ciarán von Saigir, Colum Cille/Columcille/Columba († 597), Gründer von Derry (um 546), Durrow (um 556), und Iona (563), Finnían von Mag Bile, der ein Zeitgenosse von Columba war und außer Mag Bile Dromin gründete, Fintan von Clonenagh († 603) und Molua von Clonfertmulloe († 608). Aus der ersten Hälfte des 7. Jahrhunderts sind uns Kevin oder Coemgen von Glendalough (†618), Aedán oder Maedóg von Ferns († 626), Mochua von Rahan († 637) bekannt.

Möge reicher Segen dich begleiten,
wohin du auch gehst.
Deine Freunde mögen dir immer zur Seite stehen
sowohl in der Heimat als auch in der Ferne.
Krankheiten sollen dich meiden.
Wenn du unterwegs bist – ob reich oder arm –
möge das Glück dich begleiten
wo immer du dich befindest
jetzt und zu aller Zeit.

Vereinfacht gesagt, unterscheiden wir beim Mönchtum Irlands drei Gruppierungen. Die erste repräsentierte die Einsiedler, die Eremiten, die allein und auf sich gestellt in die Einsamkeit zogen, um sich weitab von der Zivilisation eine „Wüste" zu schaffen, einen Ort zum Beten und Meditieren. Diese Gruppe eiferte dem Vorbild ägyptischer Wüstenväter nach. Wer die Dingle-Halbinsel in Irlands Südwesten bereist, trifft auf einige erhaltene Unterkünfte dieser Mönchsrichtung. Es sind bienenkorbähnliche Hütten aus Stein, ohne Mörtel aufeinander geschichtet und sich nach oben verjüngend. Clocháns werden sie genannt, auch der Name „behive-heats" hat sich eingebürgert. Manche Clocháns stehen allein in der Wiese oder am Berghang, manchmal findet man sie auch zu zweit oder zu dritt, ein Zeichen, dass sich dem ersten Eremiten ein zweiter oder dritter zugesellt hat. Im Martyrium des hl. Oengus (9. Jahrhundert) wird berichtet: „Die Zellen sind von je zweien oder dreien bewohnt. In ihrer Gesamtheit, ja, tausenden, kommen sie Städten wie Rom gleich." Die Einzelbehausungen entwickelten sich zu Klosterstädten, die zu Orten der Wissenschaft, Gelehrsamkeit und Kunst wurden.

Auf der Dingle-Halbinsel ist der Ursprung des Eremitentums nachspürbar. Am Mount Brandon, der seinen Namen nach dem hl. Brendan erhielt, der von hier aus seine Entdeckungsreise nach Westen startete, gibt es Hunderte von Resten dieser einsamen Mönchszellen. Hier begegnet man aber auch einer kleinen Kirche aus Stein, die wie ein kieloben treibendes Boot aussieht. Den Mittelpunkt einer kleinen Mönchsgemeinschaft bildete natürlich die Kirche, die gewöhnlich aus Holz errichtet war, während die Unterkünfte aus Stein bestanden. Im Westen Irlands aber war Holz Mangelware, und so ist mit dem Steinmonument aus dem 7. Jahrhundert, das dem hl. Gallarus geweiht war, das einzige Exemplar dieser Gattung erhalten: ein Kirchlein, bestehend aus ohne Mörtel aufgerichteten, sich nach oben zuspitzenden Steinen, die wasser- und windundurchlässig waren. Im Innern bietet der Kirchenraum Stehplätze für 10 bis 15 Menschen. Einzige Lichtquelle ist ein rundes Loch an der Ostseite, durch das morgens das Sonnenlicht fällt. Man kann sich anschaulich vergegenwärtigen, wie die Mönche sich hier zum Gotteslob versammelten.

Die zweite Mönchsgruppe bildete die Klosterbelegschaft. Es wurde schon erwähnt, dass der Clanchef, wenn er überzeugt die neue Religion angenommen hatte, bei Eignung zum Abt und Vorsteher der Klostergründung avancierte, während die männlichen Familienmitglieder den neuen Konvent bildeten. Es gab auch Doppelklöster für Mönche und Nonnen wie etwa in Kildare, wie wir aus der Lebensbeschreibung der hl. Brigid noch hören werden. Die dritte Erscheinungsform der Kleriker ist die der Missionare, die es nicht auf der Grünen Insel hielt, sondern hinaus in die Welt drängte, um das Evangelium zu verkünden. Vollkommene Christusnachfolge bestand in strenger Askese und der „peregrinatio", dem Verlassen des Heimatlandes und der Suche nach einem neuen Lebensraum. Diese Mönche hielten sich buchstäblich an die mosaischen Gesetze. Gott spricht in der Genesis 12,1 zu Abraham: „Ziehe fort aus deinem Lande, aus deiner Verwandtschaft und aus deiner Familie und gehe in das Land, das ich dir zeigen werde." Adamnán von Iona schreibt in den 80er Jahren des 7. Jahrhunderts, Columba sei von Irland nach Britannien gezogen und habe sich der „Einsamkeit der pfadlosen See" überantwortet. Beim Abschied soll der streitbare Heilige gedichtet haben: „Ein blaues Auge blickt zurück nach Irland. Nie wieder wird es Irlands Männer, nie wieder seine Frauen sehen." Seine Biographie sowie einige Vertreter dieser Mönchsgattung, die nach Deutschland kamen, werden wir im Detail vorstellen.

Zu Patricks Zeit gab es wohl noch keine Klostersiedlungen, jedenfalls waren sie nicht bedeutsam. Er hatte während seiner Missionstätigkeit die Diözese als kirchliche Organisationsform gewählt, so wie er sie aus seiner Heimat Britannien kannte. Doch hatte sich diese geographische Verwaltungseinheit nicht durchsetzen können, sie widersprach der irischen Gesellschaftsstruktur. Natürlich gab es auch Bischöfe, aber sie waren eher Wanderbischöfe und den Äbten der jeweiligen Klosterregion, in der sie wirkten, unterstellt. Manchmal vereinte ein Abt auch beide Funktionen in einem Amt. Solange der romanische und gotische Baustil in Irland unbekannt war – für ihre Verwirklichung sorgten später Bauleute vom Kontinent –, waren die Klosterbauten einfach und schlicht. Sie entwikkelten sich aus den Behausungen der Menschen. Die Bewohner der Insel bildeten etwa einhundert Stämme oder Kleinkönigreiche, „tuatha" genannt, die – wie schon kurz bemerkt – oft miteinander in Fehde lagen. Später nahm ihre Zahl ab. Drohte Gefahr, zogen sich die Menschen in Ring- oder Hügelfesten zurück. Diese Refugien bestanden aus durch Stein- und Erdwälle sowie durch Gräben gesicherte Kammern. Ab dem 5. Jahrhundert festigte sich mit dem Christentum die politische Struktur des Landes unter der Vorherrschaft der Könige von Tara und Cashel.

Diese Ringfesten dienten beim Bau der Klöster als Vorbild. Die Anlage vereinte Kirche, Refektorium – auch „praintech" genannt –, Gastherberge (tech n-oiged), Schule und Mönchszellen. Als Baumaterial verwendete man Holz, Lehm und Flechtwerk, die Dächer bestanden aus Schilf oder Reet. Kleine Kirchbauten wurden aus Eiche gezimmert – „dairtech" heißt „das Eichenhaus" – und waren nur an der baumlosen Westküste aus Stein.

Von den Klöstern, die sich allmählich zu Pflanzstätten der Kunst und Wissenschaft entwickelten, ist Clonmacnoise wohl die bedeutendste und malerischste. Diese auf den Zimmermannssohn Ciarán zurückgehende Gründung – nicht zuletzt bekannt durch zwei mit biblischen Szenen und keltischen Ornamenten versehene Hochkreuze – wurde im Laufe der Zeit 14 Mal von Wikingern geplündert, die es auf die goldenen Kultgeräte sowie auf die kostbaren, mit Edelsteinen verzierten Deckel der Pergamentbücher abgesehen hatten. Clonmacnoise stand im Rang einer Universität. Man las Cicero, Horaz, Vergil, man pflegte die Sprachen und Mathematik. Die Großzügigkeit im Geistigen muss erstaunlich gewesen sein. Keltische Sagen und Märchen gehörten ebenfalls zu dem mit Begeisterung aufgeschriebenen Kulturgut der Insel. Anderseits beschäftigte man sich auch ausführlich mit jenen heidnischen Schriften der Antike, die das christliche Rom verwarf.

Der irischen Kirche sagt man eine außergewöhnliche Toleranz sowohl gegenüber der heimischen als auch der „heidnischen" Literatur des klassischen Altertums nach. Kirchliches, nationales und antikes Erbe verschmolzen zu einer neuen Kultur. Aus den kriegerischen Stammesoberen und Sippenhäuptlingen, den „chieftains", wurden mit der Zeit gebildete Äbte und Klostervorsteher, und auch die zuvor oft streitbaren und rauhen Clanmitglieder erfuhren und lebten den tiefen Sinn des Mönchtums. Gelehrte kamen vom Kontinent, von kriegerischen Auseinandersetzungen auf die „Grüne Insel" vertrieben, ihnen schlossen sich lernwillige Schüler an, und man nahm sie nicht nur „freundlich und mit frohem Herzen" auf, sondern gewährte ihnen nach einem Bericht des Beda Venerabilis „freie Unterkunft und freies Studium" und „obendrein noch Bücher, aus denen sie lernen konnten". So wuchsen sie mit den einheimischen Scholaren zu einer neuen geistigen Elite heran.

Doch wie oft erstarb blühendes Geistesleben unter Schwertern ... Im Jahre 790 begannen die Wikingerüberfälle auf Schottland und Irland. Am 8. Juni 793 fiel ihnen das bedeutende Kloster St. Cuthbert auf Lindisfarne an der englischen Nordostküste zum Opfer. Es war der Beginn einer großen Leidenszeit für viele Mönchsniederlassungen auf der Grünen Insel. Es war auch die Zeit, in der es eine zweite Welle von Missionaren auf den Kontinent trieb. Die Wikinger hatten es auf die Klosterschätze abgesehen. Sie kannten die reichen Vorräte an sakralen Gegenständen wie Kelche, Monstranzen, Patenen und Bischofsstäbe, sie wussten aber auch um die Bedeutung der einmaligen Bücher, die in den Skriptorien entstanden und deren Einbände mit Goldblech und kostbaren Edelsteinen verziert waren. Die Wikinger beließen es nicht bei Raub und Diebstahl, sie mordeten auch die Klostergemeinschaften und steckten ihre Gebäude in Brand. Viele Mönche wurden ein Opfer ihrer sinnlosen Zerstörungswut. Alkuin, der berühmte englische Gelehrte am Hofe Karls des Großen, berichtete vom Überfall auf Lindisfarne: „Niemals zuvor brach ein solches Entsetzen über Britannien herein. Die Kirche des hl. Cuthbert ist besudelt mit dem Blut der Priester Gottes, und ihre Schätze wurden geraubt." Geblieben sind Gräber. In Clonmacnoise zum Beispiel erzählen Grabsteine von der hohen Mönchskultur. Unter der keltischen Kreuz-Ornamentik der Steinplatten steht die Bitte „OR", „OIT", oder „OROIT DO N ..." – Bete ..., ein Gebet für ...

In der Zeit der Wikingereingfälle war Irland bereits vom Geist des Christentums durchdrungen. Allerdings kamen unter dem Terror der Nordmänner auch manche Schwachstellen und Unsicherheiten zum Vorschein. Die Kirche verlor an Stärke und Selbstbehauptungswillen, die einige kämpferische Naturen, die sich „Celi Dei", Diener Gottes", nannten, durch die Rückkehr zu den frühchristlichen Idealen wiederzugewinnen hofften. Der Volksmund nannte sie „culdees“ oder „Kulden“. Einer ihrer prominentesten Vertreter war der hl. Oengus, der dem Klostergründer St. Maelrain von Tallaght bei Dublin nacheiferte und in seinem Kloster „Disert Oengus“ die Tradition der Anachoreten aus der ägyptischen Wüste wieder aufleben ließ.

Um sich vor den Überfällen der Wikinger und später der Normannen zu schützen, errichteten die Mönche neben den klösterlichen Gebäuden einen Rundturm, der baustilistisch ein rein irisches Element ist. Er wurde zum Bestandteil vieler großer Gründungen. Der gälische Ausdruck „cloigthech“ oder „cloictech“ für den Glockenturm deutet an, dass die Mönche von seiner Spitze aus mittels Handglocken in Form unseres Kuhgeläutes im Allgäu zum Gottesdienst und Stundengebet riefen. Der Rundturm erhielt in Notzeiten allerdings auch die Funktion eines Zufluchtsortes. Bei Angriffen zogen sich die Bewohner der Klosterstädte in den Rundturm zurück; sie gingen „türmen“, unser deutscher Ausdruck ist hiervon abgeleitet.

Der Rundturm stand meist an exponierter Stelle, von der aus man die ganze Umgebung überschauen konnte. Seine Höhe betrug durchschnittlich 21 bis 36 Meter. Er verfügte über mehrere, durch Leitern miteinander verbundene Stockwerke. Mit Lebensmitteln, Wasser und Vorrichtungen für das kostbare Klostergut ausgestattet, war er mit den Mitteln der damaligen Zeit kaum einzunehmen. Sein Mauerwerk erhob sich auf einem kreisrunden Sockel und war etwa einen Meter dick. Von einem Durchmesser von fünf Metern an der Basis ausgehend, verjüngte sich der Rundturm leicht nach oben, bis er durch eine steinerne Kegelkappe geschlossen wurde. Die Einstiegsluke befand sich meist mannshoch über dem Boden. Fensterartige Ausgucke gab es gewöhnlich nur in der oberen Turmhälfte.

In Irland haben sich etwa 90 Rundtürme oder ihre Fragmente erhalten. Einer der schönsten steht in Ratoo in der Grafschaft Kerry, etwa 30 Meter hoch, ein weiteres gut erhaltenes Exemplar in Ardmore bei Waterford von gleicher Höhe. Wie majestätisch sie das Land über der See beherrschen, zeigt das Beispiel von Devenish, einer Insel im Lough Erne, in der nordirischen Grafschaft Fermanagh. Bestimmend für das Tal von Glendalough ist der 33 Meter hohe Rundturm in der Nähe des gut erhaltenen Gotteshauses „St. Kevin's Kitchen". Der „Schiefe Turm von Irland" steht in Kilmacduagh, unweit von Gort im County Galway.

Den neuen Tag, Gott, segne mir,
so neu, er ist noch nie gewesen!
Voll Dank für deine Gegenwart
sei die Zeit, die du mir gegeben hast.
Meine Augen segne mir,
o Gott, dass sie dich loben
für alles, was sie wahrnehmen.
Meinen Nachbarn will ich segnen,
und mein Nachbar segne mich.
Ein zufriedenes Herz, Gott, schenke mir,
hab' mich allezeit im Blick.
Meine Familie sei ein Segen für mich
und mein Hof ebenfalls mit seinem Leben.

Die Klöster und ihre Ordnung

Die Klöster bildeten wirtschaftlich unabhängige Zentren. Die Mönche besaßen kein persönliches Eigentum. Der Umgang miteinander sollte nach der Klosterregel von Gebet und vollkommener Liebe geprägt sein – eine ungemein starke Anforderung an hitzige Charaktere. Jeder Konventuale gelobte Keuschheit, Demut und Abtötung des Leibes und Willens. Unnötiges Sprechen war verboten. Im „Catalogus Sanctorum Hiberniae" heißt es von den Heiligen des ersten Ordo, dem Patrick und seine Zeitgenossen zuzurechnen sind: „Den Dienst der Frauen und das Zusammenleben mit ihnen lehnten sie nicht ab. Fest gegründet auf dem Felsen Christus fürchteten sie nicht den Sturm der Versuchungen." Die Zustimmung oder Ablehnung des Zusammenlebens von Mönchen und Nonnen sorgte schon damals für Diskussionsstoff. Hieronymus (347–420) hatte sich zur Priesterehe drastisch geäußert: „Schließlich unterscheiden wir uns in nichts mehr von den Schweinen", und damit das erste Konzil von Nizäa 325, das die Entscheidung zur Ehe oder zum Zölibat dem Einzelnen überlassen wollte, ausgehebelt. Papst Leo I. hatte 445 dagegen die „Josephsehe" empfohlen, heiraten war erlaubt, aber bitte keine sexuellen Kontakte! In der Kirche der hl. Brigid in Kildare trennte bald eine Bretterwand, die das Schiff der Länge nach teilte, Mönche und Nonnen voneinander.

Nach einem Umbau schied eine weitere Schranke die Klostergemeinschaft auch von Weltklerus und Laien, ähnlich der Trennwand zwischen Chor und Volk in der Ostkirche, aus der die Ikonostase hervorging.

Ich möchte gern dem König der Könige
ein großes Bierfest geben;
ich möchte die himmlischen Gäste in alle Ewigkeit
Bier trinken sehen.

Ich möchte gern die Früchte des Glaubens,
der reinen Hingabe kosten;
ich möchte gern die Stätten der Reue
in meinem Hause haben.

Ich möchte gern die Männer des Himmels
in meiner eigenen Wohnung haben;
ich möchte gern die Becher der langen Leiden
als ihr Tafelgeschirr sehen.

Ich möchte gern die Gefäße der Wohltätigkeit verteilen;
ich möchte gern die Krüge der Barmherzigkeit
für ihre Gesellschaft haben.

Ich möchte ihnen gern Gastfreundschaft
um ihretwegen geben;
ich möchte gern, dass Jesus immer hier sei.

Ich möchte gern die drei großartigen,
ruhmreichen Marias hier haben;
ich möchte gern die himmlischen Gäste
rund um mich wissen.

Ich möchte gern dem lieben Gott Miete zahlen;
der, dem er seinen reichen Segen gibt,
hat gut daran getan, Not zu leiden.
St. Brigid von Kildare zugeschrieben

Dem Abt an der Spitze der klösterlichen Gemeinschaft stand der „praepositus" oder „oeconomus" zur Seite. Er regelte den Einsatz der auf dem Feld, im Stall, in der Mühle, in Küche und Lederwerkstatt, in der Bau- und Zimmerhütte arbeitenden Mönche, der „fratres operarii". Auf der Insel Iona unterhielten die Brüder einen Hafen und betrieben Schifffahrt zur schottischen Küste. Fischfang war zwar als Handelsware erlaubt, Fischgenuss jedoch nur in Ausnahmefällen gestattet. Der Fisch schmückte als Symbol der Christen häufig die Initialen irischer Handschriften.

Die sprichwörtliche Gastfreundschaft der Iren soll auf die Klosterzeit zurückgehen. Kam ein Gast an die Pforte, so führte man ihn vor den Abt, der ihn mit dem Friedenskuss empfing. Einem erwarteten Besucher gingen einige Brüder entgegen und geleiteten ihn zunächst in das Gotteshaus zum Dankgebet für die glücklich überstandene Reise. Dem müden Fremden wusch man die Füße und sorgte für sein leibliches Wohl in den „hospitia", den Gasthäusern, die später auf dem Kontinent von Iren für (Rom-) Pilger erbaut und unterhalten wurden.

Natürlich stand die Liturgie, die Verehrung des höchsten Herrn in Gottesdiensten und Gebetszeiten, im Mittelpunkt des monastischen Lebens. Die Sonntage begannen bereits mit der Vorabendmesse (vespertinalis missa) und erreichten mit dem Hauptgottesdienst am Sonntag (missarum sollemnia) ihren Höhepunkt. Die großen Feste des Kirchenjahres sowie die sogenannten „Natales", die Gedenktage der Heiligen, beging die Klostergemeinschaft besonders feierlich. Der Mittwoch und der Freitag waren Fasttage. Vor der „Non" – gegen 15 Uhr – gab es keine Speise. Fleisch kam nur ganz selten auf den Tisch. In der vorösterlichen Zeit unterwarfen sich die Mönche von Sonnenauf- bis -untergang einem besonders strengen Fasten. In den 50 Tagen zwischen Ostern und Pfingsten wurde das Fastengebot gelockert, ebenso, wenn ein hoher Gast ins Kloster kam.

Die Mönche lebten asketisch, selbstlos, streng und waren sich trotz ihres einfachen Lebenswandels ihrer Sündhaftigkeit und Schwachheit bewusst. Gerade die Mönche der frühen Generationen, die vor dem Ordenseintritt weltliche Berufe ausgeübt oder als rauhe Krieger gekämpft hatten, trachteten danach, ihre Schuld durch vorbildhaftes Leben und Arbeiten auszumerzen. Mönchs- und Klosterregeln wachten über die Einhaltung der Gebote. Die Bußbücher – „Pönitentialien" – verlangten schier unmenschliche Anstrengungen. Die Entsagung der frommen Männer gipfelte in Selbstkasteiung: Sechs Schläge gab es für ein vergessenes Amen beim Chorgebet oder für einen falschen Ton beim Lobgesang. Manche Mönche standen oder knieten stundenlang mit ausgebreiteten Armen in kalten Gebirgsbächen, schliefen auf Nesseln oder Nussschalen, um den eigenen Willen abzutöten und um sich der Regel des Ordens unterzuordnen. Die schlimmste Strafe war wohl, eine Nacht mit einer Leiche im Grab zu verbringen. Um eine Seele aus der Hölle zu retten, mussten ein Jahr lang täglich 365 Vaterunser gebetet, 365 Kniebeugen gemacht und ebensoviele Geißelhiebe ausgehalten werden. Es existierten Bußübungen auch für Laien, doch fielen sie spürbar schwächer aus als für Klerikale. Auch in der Bewertung der Schuld gab es Unterschiede. So war zum Beispiel in dieser „verschworenen Gemeinschaft" ein Meineid ein größeres Verbrechen als ein Mord.

Sollte der Himmel erstürmt werden durch die totale Abkehr von dieser Welt? Die irischen Mönche waren Individualisten, Asketen, Gelehrte, Künstler, Krieger und Missionare. Sie nannten sich auch „Pfeile vom Bogen Gottes", hinausgeschnellt etwa in die Einöde der Skellig Islands (Scelig Mhichil), ungefähr 15 Kilometer vor Bolus Head an der Südwestküste Irlands. Hier befindet sich ein felsiges Inselpaar inmitten der tobenden See. Die Hauptinsel war im Mittelalter ein exzessiver Pilgerort, die Bußübungen zu absolvieren erforderte übermächtige Anstrengungen. Hier lebten Mönche, quälten sich mit Hungerkuren und Kältetraining und ernährten sich von den Früchten eines kleinen Gartens. Die Erdschicht war so dünn, dass es Mühe machte, die Toten zu begraben. Einige Zellen, die Reste zweier Kirchlein aus dem 9. Jahrhundert sowie Ruinen aus späterer Zeit sind 180 Meter über dem Steilhang noch zu bewundern. Solche extremen Orte mönchischer Anwesenheit sind noch zahlreich auf der Grünen Insel erhalten.

Die Kunst, die aus den Klöstern kam

Zu den vielfältigen Beschäftigungen der Mönche gehörte in den Klosterwerkstätten die Buchkunst. Der Buchdruck war noch nicht erfunden, also mussten alle Texte mühsam abgeschrieben und illustriert werden. Vor allem das Alte und Neue Testament, die Evangelien, die Regeln der Mönchsväter, aber auch Homilien und literarische Texte wurden in zeitraubender Kleinarbeit kopiert und illuminiert. Hier erwiesen sich die Mönche in den Scriptorien als wahre Schreibkünstler, von deren Fertigkeit auch die Schreibwerkstätten der kontinentalen Klöster profitierten. Man denke nur an das Evangeliar Heinrichs des Löwen, das im Kloster Helmarshausen entstand und wie viele seiner Art heute einen unbezahlbaren Wert darstellt.

Im Hof des Trinity College in Dublin befindet sich der Eingang zur Schatzkammer der Library, die neben vielen bedeutenden Buchschätzen das Book of Kells beherbergt. Dieses Juwel unter den handgeschriebenen Büchern ist in den letzten Jahrzehnten immer mehr in den Mittelpunkt Kunst liebender Betrachter gerückt. In einer relativ kurzen Schaffensperiode zwischen 500 und 800 n. Chr. entstand ein unermesslicher Reichtum an beschriebenen, bemalten, illuminierten Pergamentbögen. Neben dem Book of Kells zeugen die Bücher von Durrow und Lindisfarne sowie viele weitere Werke von der einmaligen handwerklichen

Begabung der Mönche in den Schreibstuben der frühmittelalterlichen Klöster Irlands. Unter dem missionarischen Druck, das Evangelium nicht nur durch Predigt, sondern auch durch das geschriebene Wort weitergeben zu müssen, schrieben sich die Mönche sprichwörtlich die Finger wund. „Einen Segensspruch für die Seele des Faergus. Amen. Ich friere so", vermerkte ein Mönch am Rand eines Pergaments, das im Schweizer Kloster St. Gallen aufbewahrt wird. „Ich werde an dich denken, o Christus, dass ich dies für dich geschrieben habe, denn ich fühle mich heute, Sonntagabend, sehr müde", heißt es in einer anderen Randbemerkung. Eine weitere Eintragung lautet: „Müde ist meine Hand vom Schreiben. Es zittert der scharfe Federkiel. Aus meiner schmal geschnäbelten Feder fließt ein dunkler Strom glänzender, blauschwarzer Tinte …" Von der Kopierlust und dem Kopierzwang berichtet unsere Geschichte über das erste Copyright, den Streit zwischen St. Columba und St. Finian um die unerlaubte Kopie eines Psalters.

Die präzise Herkunft des Book of Kells ist nicht gesichert. Es wird zwar mit dem gleichnamigen Ort und früheren St.-Columba-Kloster im heutigen County Meath in Verbindung gebracht, doch ist es wahrscheinlich auf der Insel Iona vor der schottischen Westküste entstanden, von wo es in der Epoche zunehmender Wikinger-Einfälle um 806 nach Kells in Sicherheit gebracht wurde. Einem ihrer Raubzüge nach Iona fielen 68 Mönche zum Opfer.

Die prunkvolle Handschrift enthielt auf ursprünglich 370 Folios den lateinischen Text der vier Evangelien. Präziser ausgedrückt handelt es sich um eine Mischung von Texten der Vulgata und Worten und Sätzen, die durch die irische Kirche aus einer früheren altlateinischen Bibelübersetzung übernommen wurden. Der augenfällige, ansprechende Schrifttyp wird als insulare Minuskelschrift bezeichnet. Prachtvolle Illustrationen mit verschlungenem Zierrat, ideenreicher Rand- und Initialschmuck, keltischem Gedankengut entlehnte Muster, Ornamente und Motive begleiten die Texte auf den Seiten, von denen nur zwei nicht gestaltet sind. Dieses kostbare Buch lag sicherlich nicht zum täglichen Gebrauch in der Klosterkirche aus. Es wurde nur an besonderen Festtagen genutzt und dem gläubigen Volk gezeigt.

Die Verbindung des Buches mit dem Ort Kells wird durch die Aufzeichnungen über einen Diebstahl im Jahre 1007 belegt. Die Annalen berichten, dass „das großartige Evangeliar von Columkille" – also von Columba –, „eines der wichtigsten Zeugnisse der westlichen Welt", aus der Sakristei der großen Steinkirche von Cennanus Mór (Kells) wegen seines kostbaren Einbandes gestohlen worden sei. Drei Monate später tauchte das vergrabene Buch wieder auf. Verschiedene nachträgliche Eintragungen auf den beiden leeren Seiten der Handschrift sollten wohl die Besitzansprüche des Columba-Klosters auf das Buch unterstreichen. Damals war übrigens der Bischof Mitglied des Konvents und dem Abt unterstellt. Das wertvolle Buchexemplar blieb also zunächst in Kells, das vorübergehend Bischofssitz und später Gemeindekirche wurde. Das Kloster nahm 1192 die Augustinusregel an. Sein Abt wurde 1539 während der Säkularisation gezwungen, Güter und Mobilien weit unter Wert zu veräußern. Während der Cromwellschen Verfolgungszeit kam das Book of Kells nach Dublin, wo es der Bischof von Meath, Henry Jones, nach 1661 dem Trinity College vermachte. Seither ist es das teuerste Schmuckstück unter den wertvollen Kostbarkeiten der Bibliothek.

Das Christentum gewann im Laufe seiner Geschichte in Irland ständig an Bedeutung, so dass seine wichtigsten Vertreter in der Öffentlichkeit, die Ordensangehörigen, an Ansehen immer mehr gewannen. Manche Mönche waren Dichter und gehörten der angesehenen Klasse der „aes dána" an. Wenn der Hochkönig zum Beispiel alle

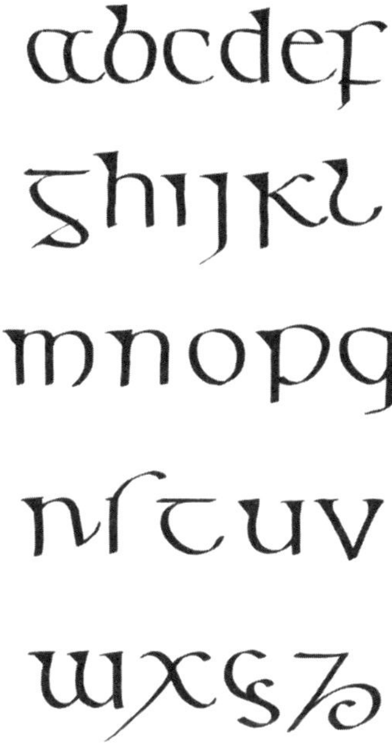

Irische Halbunziale
aus Bobbio, 7. Jahrhundert

drei Jahre zur sechs Tage dauernden Versammlung auf Tara, zur „Feis Teomhair" rief, saßen die Dichter, Wahrsager und Druiden auf bevorzugten Plätzen. Seinen Dichtern und Märchenerzählern ist Irland immer mit besonderer Hochachtung begegnet. Heißt doch ein Sprichwort: „Man kann in Irland keinen Stein über eine Hecke werfen, ohne einen Dichter zu treffen." In manchen Werken wird freilich die Grenze zwischen Dichtung und Wahrheit ein wenig nebulös. Ein Beispiel für den Phantasiereichtum irischer Poeten ist ein Bericht des angelsächsischen Benediktinermönchs Beda Venerabilis aus dem 8. Jahrhundert. In Irland, so verkündet er, gebe es keine Reptilien. Obgleich eingeschleppt, könnten sich Schlangen dort nicht halten (die hatte ja der hl. Patrick bereits von der Grünen Insel verbannt). „Wir haben gehört", schreibt er, „dass kleine Stückchen aus Irland stammender Buchseiten jemandem, der von Schlangen gebissen worden ist, in Wasser gelöst zu trinken gegeben, sofort die sich ausbreitende Vergiftung vertreiben und die Schwellung besänftigen." Das klingt freilich so wie das Rezept, das einem Erkältungskranken dort empfohlen wird: „Man nehme den Mund voll Meerwasser, setze sich auf eine erhitzte Ofenplatte und warte, bis das Wasser im Mund zu kochen beginnt. Anschließend ist die Erkältung todsicher verschwunden."

Ein anderer Schreiber, der im 12. Jahrhundert die Hauptsage der Iren, „Taiu Bo Cuailgne" (die Schreibweise differenziert), fein säuberlich auf Pergament schrieb, konnte sich eine ironische Anmerkung allerdings nicht verkneifen: „Ich, der ich diese Geschichte, oder besser Fabel, niedergeschrieben habe, bezweifle jedoch an dieser Geschichte oder Fabel mancherlei, denn teils finden sich erdichtete Dämonen, teils poetische Bilder, einiges ist wahr, anderes nicht, und gar manches kann nur Toren ergötzen."

Die Naturverbundenheit der Dichtermönche ließ Werke entstehen, die man durchaus auch heute noch lesen und publizieren kann. So heißt es zum Beispiel in einem Sommerlied aus dem 9. Jahrhundert:

Das Weltmeer sinkt in tiefen Schlaf,
in eine Blütendecke ist die Erde gehüllt …

… Die Harfe des Waldes lässt ihre Musik ertönen,
das Segel wird eingezogen – tiefer Friede überall!
Jede Höhe ist in ein Meer von Farbe getaucht,
auf jedem See liegt ein zauberischer Schimmer …

… Der Wachtelkönig, ein tüchtiger Sänger,
lässt seine Stimme hören,

der hohe, kalte Wasserfall
singt ein Willkommen dem warmen Teich,
die Binsen beginnen miteinander zu flüstern ...
Das Torfmoor ist schwarz wie des Raben Gewand,
hell klingt des Kuckucks froher Ruf.
Der gefleckte Lachs windet sich im Sprunge ...
Scharen von Vögeln lassen sich
mitten auf der Wiese nieder;
In voller Blüte lacht das grüne Feld,
den ein rauschender, klarer Strom durchfließt.

Das Schreiben und Illuminieren der Bücher, das am Ende so perfekt beherrscht wurde, war den Iren zunächst neu. Aber im Laufe der Zeit entwickelten sie eine so große Geschicklichkeit, dass sie sich an immer schwierigere Aufgaben heranwagten. Aus einfachen Schnörkeln und umkleideten Initialen entstanden wahre Kunstwerke. Irland entwickelte die Buchmalerei zur Blüte, bezog seine Anregungen in der Bildhauerei und Baukunst zunächst aus dem keltischen Erbe und später vom Kontinent.

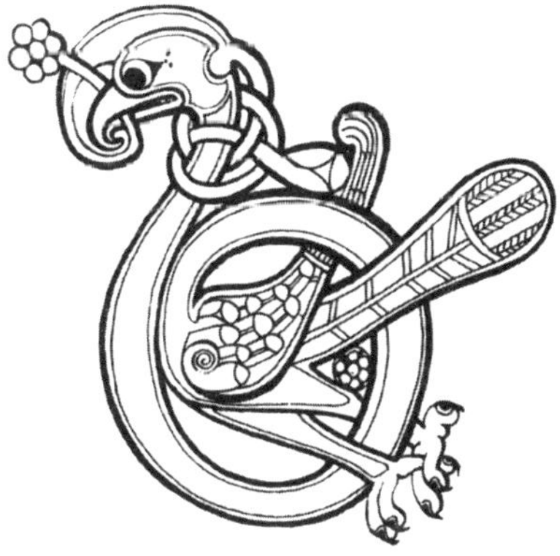

Nachgezeichneter Buchstabe Q
aus dem Book of Kells

Das Leben der Heiligen in Irland

Bevor wir uns einigen Missionaren widmen, die das Christentum in Europa, auf dem Festland, verkündet haben, müssen wir uns den Heiligen zuwenden, die vor Ort eine maßgebliche Rolle gespielt haben. Es gab wohl sehr unterschiedliche Typen, zum Teil eigenbrötlerisch, frauenfeindlich, superfromm, asketisch, auf jeden Fall jedoch begeistert von der Christusnachfolge. Da ist zunächst der hl. Columba, der eine ungewöhnliche Biographie hat und deshalb ausführlicher als alle anderen Mönche behandelt wird.

Wir bitten um nichts anderes,
als was du uns geben möchtest;
denn du bist unser alles,
unser Leben, unser Licht, unser Heil,
unser Essen, unser Trinken, unser Gott.
Ich bitte dich, unsere Herzen zu erleuchten,
unser Jesus, mit dem Atem deines Geistes,
und unsere Seelen mit deiner Liebe zu verwunden …
Gesegnet sei eine solche von der Liebe getroffene Seele.

Columba (520–597)

Das Leben Jesu und seine strenge Nachfolge bildeten den geistigen Grundstock des Klosterlebens. Alle Mönche strebten diesem Ideal nach, nicht alle gleich ausdauernd und gründlich, je nach Veranlagung und Durchhaltevermögen. In den wöchentlichen „Confessiones", den öffentlichen Bekenntnissen, bezichtigten sich die Konventualen der Versäumnisse und Fehler gegenüber Gott, aber auch gegenüber der klösterlichen Gemeinschaft, und der Abt ermunterte und bestärkte sie durch sein Wort und rief immer wieder zur Liebe im Geist Christi auf. Es war für ihn nicht einfach, eine zum Teil nicht gleichartig zusammengesetzte Gemeinschaft von Männern zu lenken, die, durch unterschiedliche Charaktere geprägt, aufbrausend oder zurückhaltend, forsch oder demütig war. Christus, der Vollkommene, der ohne Sünde geborene Sohn des himmlischen Vaters, war manchmal ein fernes, der Erdenschwere entrücktes Ideal. Da waren die heiligen Männer und Frauen, die vor ihnen in klösterlichen Gemeinschaften gelebt hatten, für die Mönche schon näher und greifbarer. Wie, so lautete eine entscheidende Frage, waren sie mit den Anfechtungen des Fleisches umgegangen, wie hatten sie sich den Versuchungen des Alltags gestellt? Den Heiligenviten, die in den Skriptorien kopiert und dann weitergegeben wurden, konnten die Mönche manche Anregungen entnehmen. Zwangsläufig suchte man sich die Männer und Frauen aus, die dem eigenen Werdegang ähnelten, die einem sympathisch waren. Doch an einigen Heiligen, die das Mönchtum entscheidend geprägt hatten, kam niemand vorbei. Dazu gehörte der hl. Columba, der im Irdischen verstrickt und ein großer Sünder war, aber dennoch seine Schwächen überwunden und für die Ausbreitung des Glaubens viel getan hat. Er war nicht nur ein großer Beter, sondern auch ein bedeutender Dichter, und seine Verse und Gedanken prägten auch jetzt noch den Klosteralltag.

Ich möchte die wogenden Wellen
des weiten Meeres sehen,
wenn ihre Musik dem Vater
den Weltenlauf besingt.
Ich möchte den Gesang wunderbarer Vögel hören
als einen Quell des Glückes.
Ich möchte die anstürmenden Wogen
wider die Felsen donnern hören.

Columba gehörte zu den größten irischen Missionaren des 5. und 6. Jahrhunderts. Er wurde auch Colum Cille, Columcille und Colum-Killey – Kirchentaube – genannt. Er war ein Meister der Worte, beseelt von einem unbändigen Verlangen, die Frohbotschaft Christi in die Welt hinauszutragen. Dabei verlief sein Leben nicht ohne gegensätzliche Spannung, offenbarte seine Seele sowohl lichte wie dunkle Seiten. Er musste lange an sich arbeiten, um sein energisches, kämpferisch veranlagtes Naturell zugunsten einer großen Liebesfähigkeit zu Mensch und Natur nach dem Beispiel des Gottessohnes zu entfalten,

Geboren am 7. Dezember 521 im Nordwesten Donegals, in Garten, war Columba königlicher Abstammung. Der Priester Cruitnechan taufte ihn auf den Namen Columba oder Colum – die Taube – und nahm ihn in seine erzieherische Obhut. Als Cruitnechan einmal von der Kirche in sein Haus zurückkehrte, fand er die Wohnung in helles Licht getaucht. Eine feurige Kugel schwebte über dem Haupt des schlafenden Jungen – der Himmel gab ein prophetisches Zeichen von dessen kommender geistiger Größe. Die Eltern widersprachen nicht, als der Priester ihrem Sohn die geistliche Laufbahn empfahl. Seine weitere Ausbildung erhielt Columba beim hl. Finnian von Moville, von dem erzählt wird, er habe als erster die

Vulgata-Version der Evangelien des hl. Hieronymus in Irland eingeführt. In der klösterlichen Siedlung des Finnian lernte Columba auch den alten Dichter Gemman kennen, dem er nicht nur die Einführung in die Dichtkunst, sondern auch die Bekanntschaft mit St. Finnian von Clonard in West Meath verdankte. Mit dem hl. Ciarán, dem Zimmermannssohn und späteren Begründer der Klosterstadt Clonmacnoise, übersiedelte Columba in das Kloster St. Finnians von Clonard, wo es später zu einem schicksalhaften Zwischenfall kommen sollte.

Nach der Überlieferung sah St. Finnian eines Nachts einen goldenen und einen silbernen Mond über Clonard aufgehen. Der goldene wanderte nach Norden – Irland und Schottland badeten in seinem Glanz –, der silberne Mond zog bis an den Shannon und überstrahlte einen Ort, an dem Clonmacnoise entstehen sollte.

Columba soll in Irland etwa vierzig christliche Gründungen vollzogen haben. Sie bildeten die Grundlage der selbständigen altirischen Kirche. Auch seine Mitschüler traten als Klostergründer hervor, so St. Brendan von Clonfert, St. Cainnech von Kilkenny, St. Gomgall von Bangor und andere. Die erste Kirchengründung Columbas entstand um 545 in Derry (irisch „Daire Calgaich" = „Calgachs Eichenwald"). Eine weitere bedeutende Niederlassung war Durrow (irisch „Dair-mag" = „Eichenfeld"). Das Buch von Durrow, das die vier Evangelien im Vulgata-Text enthält und im Trinity College in Dublin aufbewahrt wird, soll von Columba initiiert oder von ihm in herrlicher, leuchtender Schrift sogar selbst hergestellt worden sein. St. Columba beherrschte die perfekte Fertigkeit des kunstvollen Schreibens liturgischer Bücher, denn in der Bibliothek der Royal Irish Academy in Dublin gibt es noch ein vielleicht authentisches Psalmbuch, „Cathach" genannt, ebenfalls einen Vulgata-Text. Columba wurde der Ehrenname „Scriba“ zugedacht, was nicht nur auf seine Kunstfertigkeit des Illuminierens von Texten verweist, sondern auch als Einordnung in einen bestimmten Grad innerer Reife zu verstehen ist, denn diese Art des Schreibens war wie Gottesdienst und ein seelischer Prozess. Selbst auf seinem Sterbebett soll der hl. Columba noch ein Psalterium abgeschrieben haben.

In der von Columba begründeten Klostersiedlung Kells (Ceannanus Mór) wurde – wie berichtet – das nach dem Fundort benannte Book of Kells wiederentdeckt. Entstanden ist es höchstwahrscheinlich auf der vor Schottlands Westküste gelegenen Insel Iona, auf die Columba ins „Exil“ gehen musste.

Diese Verbannung durch den Synodenbeschluss von Teltown 563 traf den Heiligen im 42. Lebensjahr und war die Folge eines ernsthaften Konfliktes mit Dermait, dem König von Meath. Man darf nicht vergessen, dass St. Columba königlicher Abstammung war und sein Clan zu den angesehenen und machtvollen Familien des Landes gehörte. In Krisenzeiten scheuten sich auch die Angehörigen des geistlichen Standes nicht, ihren Familien militärische Hilfe anzubieten, wie es im vorliegenden Fall geschah. Bei der dreijährlichen großen Zusammenkunft auf dem Hügel von Tara, zu der die Adeligen Irlands geladen waren, ermordete der Sohn des Königs von Connacht den Sohn des königlichen Hofmeisters. Nun war es strengstens verboten, an dieser heiligen Stätte Fehden auszutragen. Der Mörder floh in das Zelt der aus dem Norden Irlands eingetroffenen Fürsten Fergus und Donall, und im Vertrauen auf das garantierte Asyl empfahlen diese den Königssohn der Huld Columbas. Doch König Dermait missachtete das Asylrecht und ließ den Mörder für sein an einem Ort des Friedens verübtes Verbrechen hinrichten. Die Sippe Columbas fühlte sich zutiefst gekränkt.

Das zweite Ereignis, das erneut zum Konflikt mit dem König führte, war wohl der erste Streit um ein Copyright: St. Columba hatte bei seinem Lehrer, dem hl. Finnian von Moville, ein lateinisches Psalmbuch abgeschrieben, was nach landläufiger Meinung verboten war. Finnian bestand auf Herausgabe der Kopie. Doch Columba argumentierte, die Abschrift habe dem Original nicht geschadet und es sei zudem unerlässlich, die Klöster des Landes mit heiligen Büchern zu versehen – die Buchdruckerkunst war ja noch nicht erfunden und die Herstellung von Kopien eine unsagbar mühevolle Detailarbeit. Obgleich nach 1. Korinther 6,1 Streitigkeiten der Kirche nicht vor der weltlichen Obrigkeit ausgetragen werden sollen, riefen die Parteien König Dermait um Hilfe an. Der Herrscher entschied: „Das Kalb geht mit der Kuh!“ Also musste St. Columba die Kopie herausgeben. Noch heute kursiert in Irland der Spruch: „To every cow its caw, to every book its copy – jeder Kuh ihr Kalb, jedem Buch seine Kopie.”

Die Sippe des hl. Columba, die O’Neills aus Ulster, erklärte dem König den Krieg. Die verfeindeten Parteien trafen 561 bei Cúl Dreimne in der Nähe von Sligo aufeinander; dreitausend Männer Deirmaits blieben auf dem Schlachtfeld. Columba litt unter dem Ausgang der Schlacht und zunehmend unter seelischen Qualen. Hatte Christus nicht Liebe statt Hass gelehrt und auch vorgelebt? Zunächst suchte der Heilige Rat bei St. Molaisse, auf den die Existenz mehrerer Klosterniederlassungen zurückgeht. „Nimm Abschied von Irland“, riet ihm der Mitbruder im geistlichen Amt, „und gewinne im heidnischen Land der Pikten so viele Seelen für Christus, wie durch deine Schuld den Tod gefunden haben.“

Columba musste sich auf der Synode von Teltown verantworten. Der Chronist Adamnán vermerkt, er sei sogar exkommuniziert worden, doch der hl. Brendan von Birr, dem hellseherische Kräfte nachgesagt wurden, sah Columba von Engeln begleitet sich der Synodalversammlung nahen. In „curraghs", den kleinen Booten aus Weidengeflecht und mit der Bespannung aus Kuhhaut, machte sich der Heilige in Begleitung von zwölf Gefährten auf die Reise an die unwirtliche Westküste Schottlands. Beim Abschied von Derry besang er seine geliebte Heimat auf grünen Hügeln so:

Es wäre erfreulich, o Sohn meines Gottes,
in wunderbaren Fahrten
über die sprühende Woge nach Irland zu pilgern
nach Magn Eolairg bei Bevenagh, über Lough Foyle,
wo ich wohllautende Klänge der Schwäne hören möchte.
Wenn mein rot-feuchtes Boot
den willkommnen Hafen Port na Fern erreichen könnte,
würde eine Schar von Seemöwen aufjubeln über die schnelle Fahrt.
Weg von Irland, wo ich mächtig war, erfüllte mich Sorge;
betrübt und traurig fühle ich mich im fremden Land.
Schmerzlich war der mir auferlegte Auszug,
o König der Mysterien:
Ach, wäre ich nie zur Schlacht bei Cúl Dreimne ausgezogen!
Glücklich fühlt sich Dimmas Sohn
in seiner heiligen Abtei,
wo ich hören könnte,
was meinen Geist erfreuen würde in Durrow im Westen:
das Rauschen des Windes in der Ulme
als erheiternde Musik
und den erregten Ruf der freundlichen Drossel,
wenn sie ihre Flügel zusammenschlägt.
Horchend früh am Morgen in Ross Grencha
auf die Hirsche und auf des Kuckucks Ruf aus dem Walde
am Ende des Sommers.

Ich habe Irlands Reiche geliebt,
unnötig sie aufzuzählen:
Die Nacht mit Comgall zu verbringen,
Cainnach zu besuchen, wie freundlich würde das sein!
Der Grund, warum ich Derry liebe,
sind seine Ruhe und seine Reinheit.
Gedrängt von leuchtenden Engeln
ist dort jedes Eichenblatt.

Nach erprobtem Brauch und im Vertrauen auf die Führung Gottes überließen sich Columba und seine Begleitung dem rauhen Meer. Die Winde trieben sie ostwärts über die Irische See auf die Steilküsten Schottlands zu. Die Segelfahrt endete am Strand der kleinen Insel Iona, auf „Inis na Dhruidneach", dem Mittelpunkt druidischen Lebens. Die Neusiedler errichteten eine kleine Kirche und gruppierten um sie ihre Zellen aus Stein. Äußerlich sah die Niederlassung anspruchslos und dürftig aus, doch um so lebendiger entfaltete sich das religiöse Leben, aus dem sich allmählich ein christliches Zentrum der altirischen Kirche entwikkelte, dessen geistige Fruchtbarkeit noch heute nachwirkt. Iona – über den Namen ist viel gerätselt und gedeutet worden. Die gälische Sprache gab ihr mit Blick auf Columba und seine Nachfolger die Bezeichnung „Insel der Heiligen". Iona heißt auf hebräisch jedoch „Taube", und der Name Columba bedeutet im Lateinischen ebenfalls „Taube".

St. Columba war nicht der erste christliche Botschafter auf Iona. Etwa zwanzig Jahre vor ihm hatte St. Brendan von Clonfert, der berühmte „Seefahrer", dessen „Navigatio" bis ins späte Mittelalter Stoff für manche aufregende Unterhaltung lieferte, auf einer seiner Missionsreisen hier Anker geworfen. Auch St. Oran, der 548 starb, war auf Iona gewesen und hatte den berühmten Friedhof Reilig Orain angelegt, die Begräbnisstätte der Könige von Dalriáda.

Columba und seine Gefährten predigten zunächst in der Nachbarschaft von Iona, auf den Inseln Mull, Tiree und Skye. Hier erlernten sie auch die piktische Sprache, die sie befähigte, ihre Mission in den Norden, nach Alba (Schottland) auszudehnen. Wo sich heute die Stadt Inverness erstreckt, befand sich einst der Hof des Königs Brude MacMaelchon. Die Reise dorthin war nicht ganz ungefährlich, wie sich bald herausstellen sollte, denn als sie an der königlichen Burg angekommen waren, blieben den Mönchen die Tore verschlossen. In Begleitung des hl. Columba befanden sich die treuen Brüder St. Cainnech und St. Comgall aus dem Norden Irlands, die piktische Familienwurzeln hatten und die Sprache der Pikten beherrschten.

Als Columba den 45. Psalm anstimmte, der mit den Worten beginnt: „Mein Herz bebt vor freudigen Worten, dem König will ich mein Herz singen" und zugleich dreimal an die geschlossene Pforte pochte, sprang das Schloss mit einem Male auf und gewährte Eintritt. Als König Brude MacMaelchon vernahm, welche geheimnisvolle Kraft den Fremden Einlass gewährt hatte, trat er St. Columba ehrfurchtsvoll entgegen und hieß ihn willkommen. Zwischen den beiden Männern so unterschiedlicher Herkunft und Bestimmung festigte sich ein Freundschaftsband, das lange Bestand haben sollte. Der König ließ sich bald taufen und war den Missionaren behilflich, seinem Volk die christliche Botschaft zu verkünden. Mit Hilfe des Herrschers gelang es Columba auch, auf den entlegenen Inseln der Hebriden zu predigen und zu taufen. Noch heute bezeugen die Namen einiger Gotteshäuser oder Pfarrbezirke die einstige Anwesenheit des eifrigen Apostels Christi. Der hl. Columba machte Iona zum Mittepunkt seiner Mission. Der König schenkte ihm die Insel zum Nutzen und als Eigentum.

Im Laufe der Zeit kamen immer mehr Menschen nach Iona. Sie suchten nicht nur Rat und Hilfe, sondern auch

Heilung von ihren Krankheiten. Columba ahnte den Zusammenhang von körperlichen Leiden und der Befindlichkeit der Seele. So hielt er viele Menschen zu einer guten Beichte an und erwies sich den Kranken als einfühlsamer Heiler. Wie so oft in Irlands frühkirchlicher Geschichte fanden sich auch Fürstensöhne auf Iona ein, verzichteten auf ihre Herrschaftsrechte und baten, in die Schar der Mönche aufgenommen zu werden. Sie legten ihre Waffen am Altar der Kirche nieder und wurden Schüler des hl. Columba. Columba besaß – wie viele keltische Druidenpriester vor ihm – die Gabe der Vorausschau, eine Art zweites Gesicht. So erkannte er bestimmte politische Ereignisse im voraus und gab den Regenten Ratschläge für deren Bewältigung. Manchmal brachte man junge Menschen zu ihm und befragte ihn nach deren künftigem Lebenslauf. Der Heilige riet nach bestem Wissen und Gewissen, denn, wie er seinen Brüdern gestand, sah er in seinem geistigen Schauen manchmal die ganze Welt wie in einem Lichtstrahl gesammelt und die Schranken seines Geistes wunderbar gelöst. Diese übernatürliche Kraft der Offenbarungen beschränkte sich nicht nur auf Menschen, sie schloss auch Tiere und sogar Länder mit ein.

Der hl. Adamnán von Iona, sein Nachfolger, hat die Wunder und Visionen St. Columbas aufgeschrieben. So überlieferte der Chronist, wie der Engel eines alten Mannes Columba im Glen Urquhar, einem Seitental von Lough Ness, entgegentrat und ihn bat, seinen Schützling vor dem Tode zu taufen. Sein ganzes Leben lang habe er Güte und Milde walten lassen und werde nun bald aus dieser Welt abberufen. Sofort machte sich Columba auf, verkündete dem alten Mann die christliche Botschaft und taufte ihn. Nach seinem baldigen Tode wurde seine Seele von Engeln in den Himmel emporgetragen. Einen

Teil seiner missionarischen Kraft verdankte St. Columba gewiss seinen übernatürlichen geistigen Schauungen.

Eines Morgens gebot Columba seinen Brüdern, an diesem Tag nicht wie gewohnt zur Arbeit zu gehen und sich statt dessen im Gotteshaus zur Eucharistiefeier zu versammeln. „Heute ist der Geburtstag des hl. Brendan von Birr“, erklärte er, meinte jedoch den Sterbetag des beliebten Heiligen. „Ich sah heute Nacht den Himmel geöffnet und eine Engelschar der Seele des hl. Brendan entgegeneilen. Die ganze Erde war von unvergleichlichem Glanz und Licht erhellt.“ Auch den Todestag anderer Heiliger oder naher Verwandter ahnte St. Columba voraus.

Columbas Liebe galt auch den Tieren. Einmal trug er einem Mitbruder auf: „Geh von morgen an drei Tage lang an den Strand. Dort wirst du auf einen ungewöhnlichen Gast treffen. Es wird ein Reiher sein, der vom Sturm an unsere Küste verschlagen wurde. Er ist erschöpft. Geh, pflege ihn gesund, bis er seine Reise fortsetzen kann.“ Tatsächlich ließ sich am nächsten Tag um 9 Uhr der kraftlose Vogel am Strand nieder.

Je älter Columba wurde, desto öfter sprach er von seinem Heimgang. Er war inzwischen 76 Jahre alt. In einer Engelvision war ihm der Zeitpunkt seines Abschieds von der Erde angedeutet worden. Einmal betrat er mit einem Diener eine Vorratsscheune. Columba segnete das Getreide und sagte: „In diesem Jahr werdet ihr – sollte ich abberufen werden – genug zu essen haben.“ Und als er die fragenden Augen seines Begleiters sah, fügte er hinzu: „Ich möchte dir ein Geheimnis anvertrauen, bitte dich jedoch, darüber zu schweigen. Der kommende Samstag wird für euch, meine Brüder, ein wahrer Ruhetag sein, denn es ist der letzte Tag meines arbeitsreichen Lebens. Ich werde in der Nacht zum Sonntag den Weg zu unserem himmlischen Vater antreten.“

Der Bruder weinte, als er diese Worte vernahm, und der Heilige tröstete ihn, so gut er es vermochte. Auf dem Heimweg ruhten sie eine Weile aus. Da begegnete ihnen ein kleiner Schimmel, der die Milchkannen vom Kuhstall zum Kloster trug. Das Tier blieb vor Columba stehen und legte seinen Kopf in den Schoß des alten Mannes. Tränen rannen aus seinen Augen. Stumm nahm der Schimmel Abschied vom Vorsteher des Klosters. Der Bruder wollte das Pferd wegtreiben, doch St. Columba wehrte ab. „Lass es in Frieden. Es hat mich geliebt und spürt nun, dass ich gehen muss. Deshalb vergießt es seine Tränen. Du als Mensch hättest von meinem Abschied keine Kenntnis gehabt, hätte ich mit dir nicht darüber gesprochen. Diesem Tier jedoch hat der Herr selbst offenbart, was geschehen wird." St. Columba segnete den trauernden Schimmel und entließ ihn in Frieden.

Als letzte Tätigkeit auf Erden schrieb der hl. Columba den elften Vers aus dem 34. Psalm ab: „Die den Herrn suchen, denen wird nichts mangeln." Dann stand er dem Vespergottesdienst am Samstagabend vor. Darin bat er die Mitbrüder und Schüler: „Begegnet einander in wahrhaftiger Liebe und in Frieden. Eifert dem Beispiel der großen Väter nach, dann wird Gott, der die Guten stärkt, euch in euren Sorgen und Nöten beistehen. Wenn ich bei Gott bin, werde ich für euch beten."

Zur Mitternachtsmesse ging Abt Columba vor seinen Brüdern in die Kirche, um zu beten. Als die Mönche den Raum betraten, fanden sie ihren Vater hingestreckt am Boden liegen. Er blickte sie noch einmal mit großer Freude in den Augen an, machte das Zeichen des Kreuzes und verschied. Es war am frühen Sonntagmorgen, dem 9. Juni des Jahres 597.

Die Insel Iona – anglisiert auch Hy – gehört zu den Inneren Hybriden in Schottland. Sie liegt etwa 1,6 Kilometer westlich der größeren Insel Mull und ist 8,8 Quadratkilometer groß. Hier leben ungefähr 130 bis 150 Menschen. Der Hauptort heißt Baile Mór. Von Iona aus verbreitete sich unter Columba das Christentum in Form der sogenannten Keltischen Kirche in Schottland, Nordengland und in vielen Teilen Europas. Die südlichste Gründung, die von hier betrieben wurde, ist Bobbio in Süditalien. Dort liegt der hl. Kolumban – nicht zu verwechseln mit Columba – begraben. Die erste keltische Klosteranlage existierte bis ins 11. Jahrhundert hinein, doch haben die Wikinger, die Irland oft heimsuchten und viele Klöster ausraubten und brandschatzten, auch Iona arg zugesetzt. 1203 entstand eine Benediktinerabtei römisch-katholischer Prägung sowie eine Kathedrale. Das Kloster hat die Reformationszeit nicht überlebt und ist heute Ruine. Theodor Fontane hat die Insel 1858 in seinem Buch „Jenseits des Tweeds" beschrieben. Seit 1938 besteht auf Iona die von George Mac Leod, einem Pfarrer der Church of Scottland, gegründete „Iona-Community", eine ökumenische Gemeinschaft, die die Mission fördert und soziale Arbeit tut. Man versucht auch, eine keltisch geprägte Form des Christentums wiederzubeleben.

Die ehemalige schottische Abtei Dunkeld aus dem 6. Jahrhundert ist eine der bedeutendsten Gründungen des hl. Columba. Im 9. Jahrhundert kam sie sogar in Besitz der Reliquien des Heiligen. Der Abt wurde zur selbigen Zeit Bischof von Fortrenn (oder Alba) und übte den früher von Iona innegehabten Primat über die Kirchen des Piktenreiches aus. Als der Bischofssitz nach Alterne Hey verlegt wurde und Laienbischöfe an die Macht kamen, schwand bald der Einfluss; die Primatswürde ging im 10. Jahrhundert an St. Andrews über.

Der hl. Brendan entdeckt 1000 Jahre vor Kolumbus Amerika

Eine Peregrinatio ganz besonderer Art unternahm der hl. Brendan, eine der abenteuerlichsten Gestalten unter den Mönchen der frühirischen Kirche. Man nannte ihn auch „den Seefahrer“, weil er das Wagnis unternommen hatte, die beschwerliche Reise über den Atlantischen Ozean nach Amerika anzutreten. Tausend Jahre vor Kolumbus war dieser Kontinent natürlich noch unbekannt. Doch Brendan wusste, dass die Erde keine Scheibe sein konnte – die Sonne lieferte ihm jeden Tag den Beweis dafür: Sie ging im Osten auf, verschwand im Westen und kam doch am nächsten Morgen am Ostrand des Horizonts wieder zum Vorschein.

Der junge Brendan wuchs an der Küste von Kerry im Südwesten Irlands auf, war geschickt im Umgang mit einfachen Booten, mit den Bräuchen der Seefahrt. Doch weit aufs Meer hinaus getrauten sich die Fischer und Schiffer damals nicht. Brendan genoss zunächst eine klösterliche Erziehung. St. Jarlath von Tuam, St. Finian von Clonard und schließlich der berühmte Bischof Erc, der aus dem Stand der keltischen Opferpriester, der Druiden, hervorgegangen war, waren seine Lehrmeister. Die Druiden verstanden es als große Naturbeobachter, aus der Konstellation der Sterne und aus den Gesetzen der Natur wichtige Ereignisse für das Volk zu entschlüsseln. So mag Brendan von Erc womöglich die für seine späteren Seereisen so notwendigen astronomischen und astronautischen Kenntnisse erworben haben.

Brendan lebte zunächst im Kloster Ardfert im Westen Irlands. Dort entstand sein Plan, mit einer Anzahl Mitbrüder nach Westen über das Meer zu segeln, um das Evangelium auf die andere Seite der Erde zu bringen, wohin sich abends die Sonne auf den Weg machte. Dort vermutete er auch das verheißene Land der Seligen – das Paradies.

Mit zwölf Gefährten machte sich Brendan im Frühjahr 551 auf die Reise zu einem ungewissen Ziel. Sein Boot bestand aus hölzernen Rahmen und Rippen, über die Ochsenhäute gespannt waren, die man zuvor in einer Lohe aus Eichenrinde gegerbt und dann eingefettet hatte. An Bord befanden sich Vorräte für 40 Tage und sonstiges Zubehör.

Was St. Brendan und seine Leute während der Fahrt erlebten, liest sich wie ein märchenhafter Abenteuerroman. Er hat seine Aufzeichnungen unter dem Titel „Navigatio Sancti Brendani" – die Segelfahrt des hl. Brendan – veröffentlicht, die bald ein Beststeller und immer wieder veröffentlicht und ausgeschmückt wurden. Brendan ist wahrscheinlich von dem kleinen Hafen Fenit auf der Dingle-Halbinsel gestartet. Seine Reise führte über Schottland, die Hebriden, die Orkneys, Shetlands, die Faroers zuerst nach Island, schließlich nach Grönland und Neufundland. Sie dauerte mit Unterbrechungen sieben Jahre und war voll spannender Abenteuer. In den Reiseschilderungen des Heiligen ist von einer „Insel der Schafe" – möglicherweise die Faroers – die Rede, wir lesen von einem „Paradies der Vögel" – worunter man sich die schwarzen Basaltfelsen Myggenäs vorstellen kann – , wir hören von feuerspeienden Bergen – wahrscheinlich der Vulkan Hekla – und von der Asche sprühenden „Insel der Schmiede", mit der Island gemeint sein könnte.

Sankt Brendans Seefahrt,
Holzschnittserie 1476

Die wagemutigen Seefahrer sahen einen schwimmenden Berg, „silberfarben, härter als Marmor, aus reinstem Kristall", und schilderten so die Begegnung mit einem Eisberg, und kamen zu rauhen Klippen, wo große Tiere mit katzenähnlichen Köpfen, struppigem Fell, Eberzähnen und schweren gefleckten Bäuchen St. Brendan und seine Gefährten anbellten. Man kann sich darunter mit etwas Phantasie die Begegnung mit Seelöwen und Robben vorstellen. Die Mönche reisten sogar, ohne es zu wissen, zeitweise auf dem Rücken eines Wales. Erst als sie einen Altar errichtet und Gottesdienst gefeiert hatten und schließlich ein Feuer für die Zubereitung der Mahlzeit entzündeten, wurde es dem Wal zu bunt. Er schüttelte sich und zwang die Mannschaft ins Boot. Dem gewaltigen Fisch gaben die Seefahrer den Namen „Jasconius". Er blieb auf der Reise ihr treuer Begleiter.

St. Brendan hat vermutlich mehrere Entdeckungsfahrten unternommen, die Reise nach Westen war die längste. Er starb 93jährig als Abt von Clonfert im Jahre 577. In seinem Kloster lebten zeitweise bis zu 3000 Mönche. Hat der heilige Brendan sein Ziel erreicht? Er beschreibt ein Land, „duftend, blütenreich, gesegnet, ein Land der Klänge, der Melodien, vor Freude jauchzend, ohne Kummer ..." Betreten durfte er es nicht. Portugiesische Seeleute forschten noch im 17. Jahrhundert nach diesem Land.

Ob es das Paradies war, von dem Brendan immer geträumt hatte?

Der Abenteurer und Forscher Tim Severin hat 1976/77 die Reise des hl. Brendan nachvollzogen. Er baute nach überlieferten Plänen ein elf Meter langes Segelboot und stattete es so aus, wie es in der „Navigatio" beschrieben ist. Mit seiner Forschungsreise bewies Severin, dass irische Mönche durchaus in der Lage waren, in seetüchtigen Booten den Atlantik zu befahren. Sie suchten „das Abenteuer um Christi willen", beseelt von dem Wunsch, Gottes schöne Welt zu entdecken und den Menschen unbekannter Länder die Frohe Botschaft zu verkünden.

Der hl. Kolumban zieht durch Europa

Als sich die „Wanderprediger“ auf den Weg zum Kontinent machten und den Ärmelkanal glücklich durchsegelt hatten, traten sie rein äußerlich nicht wie römische Geistliche in Erscheinung, sondern in der keltischen Tradition. Das heißt, die obligatorische Tonsur am Hinterkopf fehlte, dafür hatten sie die Stirn bis knapp zur Kopfmitte halbmondförmig rasiert, das Haar hing strähnig zu beiden Seiten über die Ohren. Wie die Pharaonen hatten sie Lidschatten geschminkt. Sie erinnerten in ihrer textilen Anspruchslosigkeit eher an Johannes den Täufer. Und entsprechend mahnend und warnend traten sie auch auf.

Ein für Europa wichtiger Glaubenszeuge war der hl. Kolumban. Columban/Columbanus/Kolumban (um 540–615) wurde in Süd-Leinster geboren und von Comgall von Bangor erzogen. Als hübscher junger Mann wurde er von örtlichen jungen Mädchen belästigt. Sein erster Biograph sprich von „lascivae puellae“ – von lüsternen Weibsbildern. Auf Rat einer örtlichen Einsiedlerin kehrte er sich von der Welt ab und begann ein religiöses Leben. Er studierte mit Sinell in Cleenish – im Lough Erne – und später mit Comgall in Bangor, einem berühmten Kloster nach den Normen der Zeit, was Strenge und Gelehrsamkeit betrifft. Kolumban war wegen seiner Strenge bekannt. Die Regeln, die er für seine Niederlassungen in Deutschland aufstellte, waren so hart, dass sie möglicherweise nach seinem Tod zugunsten der gemäßigteren Regel des hl. Benedikt abgeschwächt wurden.

Im Alter von 45 Jahren erhielt Kolumban von Comgall die Erlaubnis, das Evangelium in dem kaum christianisierten Frankreich zu predigen. Er nahm zwölf Begleiter mit, einschließlich St. Gall, mit dem er später in Streit geriet. Nach langen Reisen errichtete er drei Niederlassungen: in Annegray, Luxeuil und Fontaine im Nordosten Frankreichs.

Ungezügelt in seinem Temperament geriet er oft in Konflikt mit den örtlichen Herrschern und ihren Anhängern, so zum Beispiel mit Theoderich II., dem er eine heftige Sittenpredigt hielt. Im Jahre 610 wurde er aus seinen eigenen Klöstern vertrieben. Einmal, als er gerade auf der Reise von Nantes nach Irland unterwegs auf See war, wurde sein Schiff an die Bretonische Küste zurückgetrieben. Er kehrte nach Metz zurück und wanderte von dort über die Alpen in die Schweiz, eine strapaziöse Reise für einen Mann in den Siebzigern, vor allem unter den Bedingungen seiner Zeit. In der Gegend um das heutige Bregenz trafen er und seine Begleitung auf Christen, die jedoch zu ihren heidnischen Gewohnheiten zurückgekehrt waren. Dort war die hl. Aurelia, eine Gefährtin der hl. Ursula, verehrt worden. Doch in ihrer Kapelle befanden sich Bildnisse von Wodan, Thor und Freya und davor ein Kessel voll Bier als Opfertrank. Sie erbauten in der Nähe einige Hütten und gewannen durch ihren Lebenswandel und durch die Kunst der Landbestellung bald das Vertrauen der Bevölkerung, der sie immer mehr von Jesus Christus und seiner Botschaft predigten. Schließlich wagte es Gall, die Bildnisse der Götter zu zertrümmern und in den Bodensee zu werfen. Um des lieben Friedens willen bat der Herzog von Überlingen die Missionare, weiterzuziehen.

In der Bregenzer Gegend war es auch, wo der Streit mit St. Gall sich ereignete, und der wurde nicht eher beigelegt, als bis Kolumban auf dem Sterbebett lag.

Kolumban ließ sich schließlich in Bobbio, südlich von Mailand, nieder, wo der Fürst und Arianer Agilulf ihm Unterschlupf gewährte und wo er fortfuhr, gegen die Ketzerei zu schreiben und zu predigen. Kolumban war der größte aller irischen „Peregrini", der Missionare, die ihre Heimat verließen und für Christus ins Exil gingen. Er war geistreich, kultiviert und besaß ein beträchtliches dichterisches Talent. Seine impulsiven Verhaltensweisen wurzeln in der Ernsthaftigkeit, mit der er seine Mission betrieb, und hinzu kommt Kolumbans übermäßig empfindliche Art. Er starb am 23. November 615 in Bobbio.

Die Arianer verwarfen die Wesenseinheit von Vater und Sohn. Sie lehrten, Christus sei nicht gleichwertig mit dem Vater, sondern nur ein Geschöpf des Vaters, durch das als Mittelswesen der Vater die Schöpfung vollzog. Christus sei dem Wesen nach veränderlich und vom Vater verschieden und nur aus Gnade angenommener Sohn Gottes. Kaiser Konstantin berief 325 ein erstes allgemeines Konzil nach Nicäa ein, das den Arianismus verwarf und bestimmte: Der Sohn ist gezeugt aus dem Vater, das heißt, aus dem Wesen des Vaters. Der Sohn gezeugt, nicht geschaffen, ist dem Vater wesensgleich. Nach dem Konzil von Konstantinopel im Jahre 381 hielt sich der Arianismus nur unter den germanischen Völkern, den Goten, Wandalen und Langobarden bis ins 7. Jahrhundert.

St. Gallus bleibt am Bodensee

In Begleitung des hl. Kolumban befand sich der schon genannte St. Gall, Gall(us) (etwa 550–645). Er war Student des hl. Kolumban von Bangor und ein nützlicher Begleiter auf den Missionsreisen nach Frankreich, denn er war sprachbegabt. Die Reise führte von Metz den Rhein aufwärts über Zürich nach Tuggen und schließlich an den „Lacus Brigantinus" – den Bodensee. Hier traf die Gruppe auf eine kleine christliche Gemeinde, die jedoch wieder alte Heidenbräuche pflegte. In „Arbor Felix" – dem heutigen Arbon – bestand ebenfalls schon eine christliche Siedlung.

Kolumban wollte Richtung Rom weiterreisen, weil er dazu gedrängt worden war. Nach der Legende wurde Gall(us) krank und weigerte sich, seine Einsiedelei in Seenähe zu verlassen. Kolumban, jähzornig wie immer, warf ihm vor, ein Simulant zu sein. Laut Galls Biograph, Walafrid von Strabo, sagte Kolumban zu seinem treuen Gefährten vieler Jahre: „Ich schärfe dir ein, bevor ich gehe, dass, so lange ich noch in diesem Körper bin, du es nicht wagen wirst, eine heilige Messe zu feiern." Fünf Jahre später kam ein Mitarbeiter Kolumbans im Rang eines Abtes und entband Gall im Auftrag des sterbenden Mönches von dem Verbot.

Gall lernte schnell die einheimische Sprache und begann die Alemannen zu missionieren, einen örtlichen

Keltisches Kreuzornament

einheimischen Stamm. Um 612 gründete er mit seinem Gefährten Hiltibod einige Eremitenzellen, die den Ausgangspunkt zur späteren Gründung von St. Gallen gebildet haben sollen. Gall starb im Alter von 95 Jahren nach einem Leben in Heiligkeit und Strenge. Das Benediktinerkloster von St. Gallen wurde 712 vom Mönch Otmar gegründet. Er war auch ihr erster Abt. Die berühmte Bibliothek der Abtei geht auf den Iren Moengal zurück. Gall wird gern mit einem Bären abgebildet, der ihm beim Bau seiner Zellen half, indem er für ihn Holz heranschleppte. Die Bauernregel sagt für den 18. Oktober: „Hedwig und St. Gall machen das Schneewetter all."

St. Kilian und Gefährten in Franken

Einen weiten Pilgerweg ins Ungewisse trat der hl. Kilian an. Wie viele seiner Landsleute, die das Christentum angenommen hatten, war er bestrebt, die Frohe Botschaft weiterzutragen. Irland war ein vom Mönchtum geprägtes Land, als Kilian sich entschloss, auf den europäischen Kontinent zu gehen, um dort das Evangelium zu predigen. Er wurde um 640 n. Chr. in Mullagh in der Grafschaft Cavan geboren, ungefähr 200 Jahre, nachdem der hl. Patrick seine Missionsreisen in Irland unternommen hatte. In jener Zeit gab es bereits große Klöster auf der Grünen Insel. Clonmacnoise genoss einen außergewöhnlichen Ruf als Stätte des Glaubens und der Gelehrsamkeit. Durrow, Derry, Clonard, Glendalough und zahlreiche andere Klöster überboten sich in dem Bemühen, viele junge Männer auszubilden und sie als Missionare in die Welt hinauszuschicken.

Heute erinnert eine nach Kilian benannte Quelle und ein Informationszentrum, das sein Andenken pflegt, an den Ort seiner Herkunft. Bevor er sich auf den Kontinent begab, zog er, mit einem groben grauen Kittel bekleidet und das Evangelienbuch in der Hand nach Süden, nach Tuosist in die Nähe von Kenmare in der Grafschaft Kerry. Von Kerry aus hatte der hl. Brendan seine wagemutige Reise über das unbekannte Meer angetreten, eine „Peregrinatio", eine Pilgerfahrt ins Ungewisse. Vielleicht hatte

St. Kilian den Reisebericht seines Vorgängers Brendan gelesen, und er wusste auch, dass Europa nicht so weit entfernt lag, denn viele Missionare vor ihm hatten die Seefahrt über das Meer nach Gallien angetreten. So segelte er im Jahre 686 mit elf Gefährten vom Hafen Kilmackilloge zum Kontinent. Der Rhein war ein guter Wegweiser, und ebenso der Main, an dessen Ufer die kleine Mannschaft stromaufwärts zog, Franken entgegen. Die Legende erzählt, Kilian habe auf einem Berg ein Kreuz errichtet – auf dem heutigen Kreuzberg oberhalb von Würzburg.

Franken war damals zum größten Teil noch heidnisch. Vor Kilian und seinen engsten Gefährten Kolonat und Totnan lag ein großes Missionsfeld. Die Überlieferung berichtet, dass Kilian vor seiner Frankenreise zunächst die Predigterlaubnis des Papstes eingeholt habe. Die Nachricht von der Anwesenheit fremder Missionare erreichte auch den Landesherrn, Herzog Gozbert. Er ließ die drei Iren zu sich kommen und befragte sie nach ihrer Herkunft und Religion. Er zeigte sich dem Christentum gegenüber sehr aufgeschlossen, ließ sich ausführlich berichten und unterweisen, und seine Gefolgsleute taten es ihm nach. Schließlich nahmen er und viele Vornehme seines Landes die Taufe an. Die Missionierung Frankens schien zu einem guten Ende zu kommen, da sprach St. Kilian ein heikles Thema an. Gozbert war nämlich mit der Frau seines verstorbenen Bruders verheiratet, was an sich kein Hindernis und nach jüdischem, mosaischem Recht sogar erwünscht war. Denn so blieb die Witwe nicht allein und genoss weiterhin den Schutz der Großfamilie. Die Iren aber hatten es sich merkwürdigerweise in den Kopf gesetzt, dass eine solche Verbindung unstatthaft und eine schwere Sünde sei. So redete Kilian dem Herrscher nun ins Gewissen, Gott zuliebe die Ehe mit seiner Gattin aufzugeben.

Doch Bischof Kilian hatte die Rechnung ohne Geilana gemacht. Die Gemahlin Gozberts sann auf Rache, und die bot sich ihr, als dem Herrscher wieder einmal ein kriegerischer Konflikt ins Haus stand. Kilian ahnte, was ihn und seine Gefährten erwartete. Es soll ihm nach der Legende nämlich in einem Traumgesicht der bevorstehende Tod angekündigt worden sein. So bereitete er sich mit seinen Gefährten auf das baldige Ende vor, den sie als Heimgang zu Gott priesen. Geilana hatte zwei finstere Gestalten gedungen, die Iren zu ermorden. Eines Morgens, es war das Jahr 689, weilten Kilian und seine Bundesgenossen in der Halle des Schlosses, die zum Betsaal umgerüstet war, und feierten Gottesdienst. Da schlichen die Mörder heran, überfielen die Beter und töteten sie mit dem Schwert. Um keine Zeit zu verlieren, begruben sie die Opfer auf der Stelle und mit ihnen Bücher, Kreuze, Kelche und das Reliquienkästchen, das sie überallhin mit sich führten. Doch eine fromme Witwe namens Burgunda, die von Kilian getauft worden war, befand sich zum Zeitpunkt des Mordes in einem Nebengemach und war Zeuge der Bluttat geworden. Es gelang ihr noch, mit einem Tüchlein ein paar Blutstropfen der Märtyrer aufzufangen, doch aus Furcht vor der Herzogin schwieg sie über die ruchlose Tat.

Als Gozbert aus dem Krieg zurückkehrte, schickte er vergeblich nach den drei Missionaren. Man machte ihn glauben, Kilian, Kolonat und Totnan hätten das Land ohne Nachricht verlassen. Der Betsaal war inzwischen zum Pferdestall umgerüstet worden. Doch die hinterhältige Herzogin entging ihrer Strafe nicht; sie starb in Raserei. Auch die Mörder sollen einen qualvollen Tod erlitten haben.

Nach der Legende ließ Bischof Burkhard einem Gerücht folgend wenige Jahre später, 752, den einstigen Betraum umgraben. Dabei stieß man auf die Gebeine der drei irischen Missionare. Der Bischof barg ihre sterbliche Hülle und ließ sie auf dem Marienberg feierlich bestatten. Von Gozberts Geschlecht lebte zu dieser Stunde niemand mehr ... Doch schon bald setzte ein Pilgerstrom ein, der aus allen Teilen Europas dem Grab der Frankenapostel zustrebte. Unter den Wallfahrern waren auch viele Iren. Die sogenannten Würzburger Glossen, Aufzeichnungen in Irisch, die von Studenten in der Mitte des 8. Jahrhunderts zu den Paulusbriefen verfasst worden sind und sich heute in der Würzburger Universitätsbibliothek befinden, dienen als Beweis für die schon damals gepflegte Verbindung zwischen beiden Ländern. Johann Caspar Zeuss schrieb eine „Grammatica Celtica“ und berief sich teilweise auf diese Überlieferungen. Das 1853 veröffentlichte Buch gilt noch heute als Standardwerk für Studierende der gälischen Sprache.

Schottenklöster – Zentren irischen Mönchslebens

Die über Schottland aufs Festland eingereisten Missionare wurden auch als „Scoti“ oder „Scotti“ bezeichnet, woher sich auch der Name „Schottenklöster“ ableitete. Sie entstanden zum Beispiel in Regensburg, wo Marianus Scotus um 1070 eine Niederlassung gründete, Wien, wohin Herzog Heinrich Jasomirgott um 1150/1155 „Schottenmönche“ rief, und Würzburg. Insgesamt haben die Iren auf dem Kontinent bis hinauf nach Kiew wohl 75 Klöster ins Leben gerufen. In Würzburg nahm die Zahl der Pilger mit den Jahren immer mehr zu, so dass 1139 das sogenannte Schottenkloster des hl. Jakob gebaut werden musste, eine irische Niederlassung, deren Mönche sich der Pilger von der Grünen Insel annahmen. Sie versah dreieinhalb Jahrhunderte lang ihren Dienst. Für eine Weile bestand auch ein Tochterkloster in Rosscarbery im Westen der irischen Grafschaft Cork. Sowohl in Deutschland als auch in Irland ist St. Kilian immer ein Heiliger des Volkes geblieben. Die Würzburger machten ihn zu ihrem Schutzheiligen und ehren ihn und seine Gefährten jährlich an seinem Festtag am 8. Juli, indem sie die Reliquien der irischen Märtyrer in feierlicher Prozession durch die Straßen der Stadt tragen. Der Kilianskult breitete sich in Deutschland schon bald aus. Im Bistum Paderborn zum Beispiel, das auf eine Gründung des Bistums Würzburg zurückgeht, tragen mehrere historische Kirchen den Namen des Heiligen, und auch der mächtige Dom ist neben dem hl. Liborius seinem Schutz anvertraut.

Vor der heutigen Pfarrkirche in Kilians Geburtsort Mullagh steht die Kalkstein-Statue des hl. Kilian. Er befindet sich in Aufbruchstimmung, gekleidet wie ein Wandermönch mit langem Umhang und Kapuze, das Haar bis auf die keltische Tonsur rasiert, die obligatorische Büchertasche unter dem Arm. Mullagh ehrt seinen großen Sohn an seinem Namenstag mit Gebeten an der nach dem Heiligen benannten Quelle in der Gemarkung Cloughballybeg. Auch in Kilmacilloge in der Grafschaft Kerry und Rosscarbery Co. Cork hielt man das Andenken an Kilian wach. Kirchen und Schulen in ganz Irland tragen seinen Namen. Der Missionar hat seine Heimat zu Lebzeiten nicht wiedergesehen. Doch im Jahr 1991 brachte eine Würzburger Abordnung eine Reliquie des Heiligen zurück nach Mullagh – zwölf Jahrhunderte nach dem begeisterten Aufbruch in eine unbekannte Welt.

Christus, schenk uns
Reichtum in unserer Armut,
Liebe zu Gott,
die Freundlichkeit Gottes,
das Lächeln Gottes,
die Weisheit Gottes,
die Gnade Gottes,
die Ehrfurcht vor Gott.
Und den Willen Gottes
lass uns erfüllen in deiner Welt,
so wie ihn Engel und Heilige im Himmel tun,
in Schatten und Licht,
bei Tag und Nacht.
Allzeit in Freundlichkeit
gib uns deinen Geist.

Altkeltisch

Brigid von Kildare

Das Studium der Heiligenviten und der Schriften der Wüstenväter gehörte zum Lehrplan aller irischen Klöster. Es gab ja unendlich viele Männer, die dem Beispiel Christi gefolgt waren und noch nacheiferten. Sie sollten Vorbild und Ansporn für die Mönche sein. St. Patrick war zweifellos der erste und größte unter den Heiligen, auch wenn es immer ein Rätsel blieb, warum er in seinen Regeln die Könige des Landes davor gewarnt hatte, den Rat von Druiden und besonders Druidinnen anzunehmen. Patrick hatte Gott in seinen Lobgesängen sogar ausdrücklich darum gebeten, ihn vor Druidinnen zu bewahren. Warum? Waren ihm die starken, einflussreichen, wundermächtigen Frauen, die man gelegentlich auch als Hexen diffamierte, gefährlich erschienen? In der Beschreibung einer solchen Druidin hieß es: „Sie besaß gelbes Haar. Bekleidet war sie mit einem gesprenkelten Umhang, den eine goldene Fibel vor der Brust zusammenhielt. Ferner trug sie eine rot bestickte Tunika mit Kapuze, ihre Sandalen waren mit goldenen Spangen besetzt. Ihre Stirn war hoch, das Kinn schmal, die Augenbrauen wölbten sich kohlrabenschwarz über ihren Augen. Die Augen besaßen eine dreifache Iris, sie waren mit zarten, dunklen Wimpern besetzt, die lange Schatten auf ihre glatten Wangen warfen. Man konnte meinen, ihre Lippen trügen farblich das Scharlach der Parther. Ihre Zähne schimmerten wie eine Juwelenkette zwischen ihren Lippen. Das Haar der Frau war zu drei Zöpfen geflochten. Zwei wandten sich kreisförmig nach oben um ihren Kopf, der dritte hing über ihren Rücken und streifte ihre Waden. Sie war begnadet mit der Erleuchtung des Weissagens und hatte die Poesie und Vision gelernt. Die Frau trug Waffen. In der Hand hielt sie einen leichten goldenen Webstab. Ihr Wagen wurde von zwei schwarzen Pferden gezogen."

Ob Patrick sich vor einer solchen Frau gefürchtet hatte oder sie für gefährlich für seine junge kirchliche Gemeinschaft hielt? Doch war nicht auch die hl. Brigid eine „band-druí", eine Druidin, gewesen, bevor sie zum christlichen Glauben übertrat? Mit ihrem Leben verbinden sich viele Legenden und Überlieferungen. Brigid wurde wahrscheinlich um 455 in Faughart geboren. Ihr Vater war der Druide Budhtach. Schon die Zeit ihrer Geburt war von druidischer Symbolik erfüllt. Die Kühe aus der Anderswelt ernährten sie mit ihrer Zaubermilch. Brigid fand zum Christentum. Sie wurde vom Bischof von Ardagh ordiniert und trug eine Tonsur wie alle keltischen Priester, denen man das Haupthaar vorne schor und es hinten in Strähnen wachsen ließ. In Dumcree errichtete sie ihre erste religiöse Niederlassung im Schatten einer hohen Eiche. Auch ihre Gründung in Kildare, wo sie einem Konvent von Männern und Frauen vorstand, hieß die Kirche der Eiche – „cill dara" oder „Cille Daire". Dort starb Brigid im Jahre 525.

Bereits um das Jahr 650 schrieb Cogitosus eine erste Biographie der Heiligen – die „Vita Brigidae", in der er eine Verbindung zur irischen Fruchtbarkeitsgöttin gleichen Namens herstellte, nach der Brigid offenbar benannt worden war. Der Festtag Brigids war fortan das keltische Imbolc, das am Vorabend des 1. Februar eingeleitet wurde. Es war ein Fruchtbarkeitsfest. Der Schnee schmolz, die

Sonne schien stärker, in der Erde regte sich das Leben. Zudem fiel es mit der Zeit der Milchabgabe der Mutterschafe zusammen. Die irische Kirche wandelte, wie wir schon hörten, Imbolc in Lichtmess um und widmete es der Gottesmutter mit dem Fest der Darstellung Jesu im Tempel. Es stand zudem am Ende des vierzigtägigen Weihnachtsfestkreises.

Im „Leabhar Breac", der Lebensbeschreibung der hl. Brigid, wird berichtet, wie die Heilige den Schleier nahm. Mit anderen Jungfrauen ging sie zum Bischof Mél in Telcha Mide, der sich sehr freute. Brigid ließ allen den Vortritt und wartete, bis die Reihe an sie kam. Man sah, wie eine feurige Säule aus ihrem Kopf bis zum Schlussstein der Kirche hinaufstieg. Bischof Mél fragte: „Was ist das für eine Jungfrau?" Da erwiderte Mac Caille: „Das ist Brigid." Da forderte der Bischof sie auf: „Komm, Brigid, der Schleier soll vor den anderen auf dein Haupt gelegt werden."

War es ein Versehen oder die Gnade des Heiligen Geistes, dass versehentlich der Text der Bischofsweihe über Brigid verlesen wurde? Mac Caille sagte: „Die Bischofsweihe soll einer Frau nicht gespendet werden."

Doch Bischof Mél meinte: „In dieser Sache habe ich keine Macht, denn ihr wurde von Gott eine Ehre zuteil, an der Frauen sonst keinen Anteil haben."

Deshalb hat man Brigid später oft die Bischofswürde zugesprochen.

Die Göttin Brigid – die „Hehre" oder „Hohe" – wurde in Nordbritannien als Brigantia und in Gallien als Brigantu verehrt. Sie war die Tochter des Draga und die Göttin des Heilens, der Poesie und der Künste. Sie besaß die Gnade der Prophetie. Brigids Mutter hieß Boiseach, sie soll eine Sklavin von Dubhtach gewesen und von ihm an einen

Druiden namens Maithghean verkauft worden sein. Der erzog sie, schickte sie später zu Dubhtach zurück. Der Druide hörte am Klang des Wagens, in dem Boiseach zu ihm gebracht wurde, dass in ihrem Leib ein außergewöhnliches Kind heranwuchs. Brigid kam in einem Augenblick zur Welt, als ihre Mutter bei Sonnenaufgang Milch in das Haus des Druiden trug und mit einem Fuß auf der Türschwelle, mit der anderen auf dem Boden davor stand. So wurde das Mädchen weder innerhalb noch außerhalb des Hauses geboren. In der keltischen Mythologie ist das Motiv des „weder – noch" von auffälliger Bedeutung.

Obgleich es eine Vielzahl irischer Frauen gab, die im Rufe der Heiligkeit lebten, blieb unter den Mönchen dennoch ein gewisser Vorbehalt gegen sie, was teilweise sicherlich auf den kontinentalen Einfluss der römisch orientierten Kirche zurückzuführen war, die dem Pauluswort zuviel Wert beimaß, wonach die Frau in den Kirche zu schweigen habe. Im Leben des Hochkönigs Muirchertach tauchte eine Druidin Namens Sín auf, was soviel wie Seufzen, Rauschen, Sturm, Winternacht, Schrei, Träne und Stöhnen heißt. Sie antwortete auf die Frage des Königs, ob sie an Gott glaube:

Glaube nie den Geistlichen,
denn sie reden nichts als Unvernunft.
Folge nicht ihren unmelodiösen Versen,
halte dich nicht an die Geistlichen der Kirchen,
wenn du ein Leben frei von Verrat ersehnst.
Ich bin ein besserer Freund für dich,
lass nicht Reue über dich kommen.

Als Brigid im Jahre 525 gestorben war, entzündete man eine Flamme auf ihrem Grab, von der es heißt, sie sei in tausend Jahren nicht erloschen. Der gewaltigen Eiche, die sich aus einem Schößling über ihrer Ruhestätte zu einem heiligen Baum entfaltete, wagte sich selbst in Krisenzeiten niemand mit Waffen zu nähern. Die irischen Mönche, die in der Fußspur des hl. Kolumban nach Süden wanderten, trugen das „Brigid(en)feuer" durch die Täler der Vogesen nach Remiremont, wo es seit 620 ein Kloster gab, das ein Schüler Kolumbans, Romaricus, als irisches Doppelkloster gegründet hatte. Erst in der Französischen Revolution verlöschte seine Flamme. Ein Bezirk Wiens wird nach der Heiligen „Brigidenau" benannt. In den ländlichen Bezirken der Eifel gibt es noch heute Brigidenaltäre für die verehrte „Viehheilige", von der es auch Reliquien in der früheren Brigidenkirche bei Groß St. Martin in Köln sowie im einst elsässischen Kloster Honau gab, das in Alt-St. Peter in Straßburg aufging. Honau war das erste Kloster der heutigen Ortenau. Das Haupt soll unter Heinrich VIII., der den Orden der „Brigittinnen" aufhob, nach Lissabon gekommen sein. Bischof Debany von Kildare gründete 1807 eine neue Kongregation, die sich der Erziehung und dem Unterricht widmet.

Dargestellt wird die hl. Brigid als Äbtissin mit einer Kerze in der Hand oder mit einer Flamme auf dem Haupt, manchmal auch mit Gänsen und Enten an der Seite.

Bonifatius „vergisst“ Buchonien

Der Ausbau der Verkehrswege hat auch das Zusammenwachsen fremder Völker beschleunigt. In den ersten christlichen Jahrhunderten war eine Missionsreise noch eine Angelegenheit von Jahren, wenn nicht mehr. Allein die Distanz zwischen Irland und dem europäischen Festland ist heute per Flugzeug in weniger als zwei Stunden zu überwinden. Kaum vorstellbar auch, dass es im 8. Jahrhundert in Deutschland noch weitgehend unerschlossene Gebiete gab. Den Raum Vogelsberg, Spessart, Buchonien – Buchenland –, also weite Teile des heutigen Bundeslandes Hessen, wies Bonifatius dem neu gegründeten Bistumssprengel Würzburg zu. Zu Würzburg gehörten zunächst neben Thüringen und das Maingebiet auch ein Teil Oberhessens. Die beiden anderen Sprengel waren Büraburg, ein heute gelöschter Begriff, und Erfurt.

Bonifatius (um 672–754/755) war ein eifriger Missionar, ein unermüdlicher Prediger und Verfechter der heiligen Sache. Doch die Enklave „Buchonia“ rührte er offenbar nicht an. Etwa, weil sie irisch geprägt war? Zwischen Mainz, Gießen und Gelnhausen gab es acht Kirchen, an der Spitze von sieben standen irische Wanderbischöfe und ein Leutpriester. Sie verkörperten eine von der Grünen Insel herrührende Kirchenstruktur, die Bonifatius im Grunde nicht mehr duldete. Die politischen Gründe, weshalb dieses Gebiet gleichsam aus dem Blickfeld geriet und bei der Verwaltungsreform „übersehen" wurde, haben eine eigene Geschichte. Jedenfalls gab es im Raum des heutigen Frankfurt-Höchst eine keltische Kirche in der Nähe eines Quellenheiligtums. Eine andere Kirche bestand in Buchonien; sie war dem hl. Michael geweiht. Im Gebiet der Wetterau, einschließlich des Niddagaus und der Dreieich fand man Taufsteine und Scheibenkreuze, die auf eine irische Mission im 7. Jahrhundert schließen lassen. Die einheimische Bevölkerung verehrte hier den keltischen Sonnengott Lugh, wahrscheinlich ein Grund mehr für die missionseifrigen Iren, die Gesellschaft dieser Menschen zu suchen und den neuen Gott, den Gott der Christen, zu verkünden. Sie bauten ihre Zellen aus Holz und machten aus der heidnischen Festung allmählich eine christliche Siedlung.

In einer Schenkungsurkunde von 778 hat der Abt des Klosters Honau bei Straßburg, Beatus, die genannten Kirchen seinem Kloster übertragen. Die „Hohe Aue" im Rhein war bei den Iren besonders beliebt, denn sie bauten gern an Flüssen oder auf Inseln in Gewässern. So hielten sie die notwendige Distanz von der „lauten Welt", um ihrem Ideal, der Suche nach Stille und Meditation, näher zu kommen. Als Dagobert II. (652–679) aus dem Geschlecht der Merowinger, der Herrschaftsdynastie der Franken, aus Irland und England zurückkehrte, wohin er von Childebert III. verbannt worden war, befanden sich in seinem Gefolge zahlreiche irische Kleriker, von denen einige den Bischofsstuhl in Straßburg bestiegen. Möglicherweise haben sie dazu beigetragen, dass das vom Bruder der hl. Odilia, Herzog Adalbert, zu Beginn des 8. Jahrhunderts gegründete und nach irischer Tradition lebende Kloster Honau zu einem Treffpunkt der Wandermönche und Missionare von der Grünen Insel wurde und eine ähnliche Bedeutung erlangte wie Péronne und Würzburg.

Bonifatius war schon fast 30 Jahre tot, als Ludwig der Fromme die Regierungsgeschäfte von seinem Vater Karl dem Großen übernahm. Nach 814 hörte die relative Eigenständigkeit Buchoniens auf. Und damit nicht genug: Man begann, die gewachsene Eigenart dieser frommen Enklave zu verleugnen und ihre Traditionen zu verunglimpfen, weil sie nicht ins neue römisch-katholische Kirchenbild passten. Heute erinnert noch das Städtchen Schotten, dessen Namen aus „ad Scotos" entstanden ist, an diese eigenwillige Region. Bis ins 10. Jahrhundert nannte man bekanntlich alle aus Irland eingewanderten Glaubensboten auch „Scoti" oder „Scotti", weil viele den Weg über Schottland aufs Festland genommen hatten. Auch eine frühere und heute nur in Teilbereichen genutzte Autorennbahn zwischen Fulda und Gießen mit dem Namen „Schottenring" verweist auf das einstige abgelegene Missionsgebiet, das Bonifatius nie aufgesucht und wo er folglich den überlieferten Bräuchen der keltischen Kirche nicht den Garaus gemacht hatte.

Der „Schwarze“ und der „Weisse“ Ewald

Die beiden Brüder Ewalde – nach ihrer hellen und schwarzen Haarfarbe der weiße und der schwarze Ewald genannt – suchten nach der Überlieferung des Beda Venerabilis in seiner „Kirchengeschichte Englands“ auf ihrer Missionsreise durch Sachsen bei einem Dorfvorsteher um das Gastrecht nach und zugleich um eine Gesprächsvermittlung beim zuständigen Gaufürsten. Die alten Sachsen besaßen keine Könige, sondern Gaufürsten. Aus ihren Reihen wurde im Kriegsfall per Los ein Anführer gewählt, der nach Beendigung der Kriegshandlungen seinen Posten wieder abtrat. Der Dorfvorsteher nahm die Ewalde-Brüder gastfreundlich auf, musste jedoch feststellen, dass es sich um Christen handelte. Denn die beiden Missionare feierten täglich ihre Gottesdienste, sangen ihre Hymnen und Psalmen. Aus Furcht, die beiden Fremden könnten seinen Gaufürsten „bekehren“ und dem Volk eine neue Religion aufzwingen, ermordeten die heimischen Bauern den weißen Ewald mit dem Schwert, der schwarze Ewald wurde gemartert und zerstückelt. Die Leichen warf man in den Rhein. Als der Gaufürst von diesem Verbrechen erfuhr, ließ er die Dorfbewohner, weil sie das Gastrecht missachtet hatten, töten und ihr Dorf niederbrennen. In der Heiligenlegende fehlt es nicht an Wunderzeichen, die geschahen: So sollen die Leichname der beiden Ewalde

40000 Schritt gegen den Strom bis zu der Stelle getrieben worden sein, an dem sich ihre Gefährten aufhielten. Ein Lichtstrahl vom Himmel soll die treibenden Leichen markiert haben. Tilmon, einer der Begleiter der Ewalde-Brüder und von hohem Adel, einst Soldat, jetzt Mönch, hatte eine Vision. Er erfuhr, dass die Stelle, an der der Lichtstrahl die Erde traf, die beiden Leichname zu finden seien. Sie wurden darauf mit allen Ehren, die Märtyrern gebührten, beigesetzt. Der Frankenkönig Pippin ließ sie in die Kirche St. Kunibert in Köln überführen, wo sie noch heute verehrt werden.

Neben diesem auf Beda zurückgehenden Bericht gibt es noch einen weiteren Text im „Echternacher Kalenderblatt". Das Kloster Echternach wurde 698 von Willibrod als Missionsstützpunkt und Altenheim für die Benediktinermönche gegründet. Danach geschah der Mord am 3. oder 4. Oktober vor 700 – das genaue Jahr lässt sich nicht präzise ermitteln. Mehrere Orte werden mit dem weißen und dem schwarzen Ewald in Verbindung gebracht. Wie kam die Ewalde-Verehrung jedoch nach Aplerbeck, einem heutigen Stadtteil von Dortmund, das geographisch weitab vom Rhein liegt? Aplerbeck wird in der zweiten Hälfte des 15. Jahrhunderts erstmals im „Sachsenlob" (1473/74) des Kölner Kartäusermönchs Werner Rolevink aus Laer im Münsterland als Ort des Martyriums genannt. Gerhard Kleinsorgen († 1591) verlegt in seiner „Kirchengeschichte Westfalens" die Stelle des Martyriums auf den „Märtmannshof" nach Aplerbeck. Der 1655 verstorbene Autor Stangefol überliefert, dass die Erben dieses Hofes am Festtag der Ewalde brennende Kerzen vor ihren Bildern entzünden, eine Messe lesen lassen und ein Geläut bestellen müssen. Er berichtet auch, die Leichen seien zur Emscher geschleppt worden und der Weg dorthin werde immer ohne Regen und Tau bleiben. Die Bezeichnung

„Märtmannshof“ wird jedoch nicht etwa vom „Mordmannshof“ oder „Märtyrerhof“ abgeleitet; „Märtmann“ kann von „Mart“, Stein, oder von Martin herstammen. Als nun der fatale Umstand eintraf, dass Anfang des 18. Jahrhunderts alle fünf Söhne des Märtmannshofes in jugendlichem Alter starben und über mehrere Generationen Frauen die Erbfolge antraten, erhielt die Legendenbildung neue Nahrung. Danach wurde der weiße Ewald von den Mannsleuten des Bauernhofes im Haus erschlagen, der schwarze hingegen auf der Flucht ergriffen. Die Frauen kamen gerade vom Flachsbrechen. Die Männer entrissen ihnen das Handwerkszeug und schlugen den Glaubensboten tot. Die Leichen wurden in die Emscher geworfen. Auf dem Weg dorthin falle seither kein Tau und Regen mehr … Bevor der schwarze Ewald seine Augen für immer schloss, habe er die Frauen gesegnet, die Männer aber verflucht – der Hof werde niemals einen männlichen Erben bekommen.

Foillan und Landelin sowie Marinus und Anianus

Vermutlich aus dem irischen Hochadel stammte der hl. Foillan (Foilan), der wohl am 24. Oktober um 600 geboren wurde und am 30. Oktober 655 oder 656 in Belgien in der Nähe von Charbonnière starb. Er war möglicherweise der Sohn von König Fyltan von Munster. Beeinflusst durch seine beiden Brüder wurde er Mönch und später Abt des englischen Klosters Cnobheresburg, das im Herrschaftsgebiet der Ostangeln lag. Mag sein, dass es sich dabei um den heute nicht mehr erhaltenen Klosterkomplex von Suffolk handelte. Das Kloster wurde im Konflikt zwischen dem machtvollen König Penda von Mercien und dem ostangelsächsischen König Ana geplündert und zerstört. Es ist nicht bekannt, warum er, der Benediktinermönch Foillan, aus England vertrieben wurde. Wahrscheinlich hatte es mit dem genannten Kleinkrieg zu tun. Doch gelang es ihm, die Reliquien des Klosters und die Kirchenbücher an sich zu nehmen. Jedenfalls kam er mit zwei Gefährten in den Norden Frankreichs nach Péronne und wurde von Erconwald, einem ranghohen Vertreter der Familie des Regenten Pippin, aufgenommen.

Papst Martin I. weihte Foillan anlässlich seines Aufenthaltes in Rom zum Missionsbischof. Foillan ging nach Nivelles. Dort hatte Itta, die Frau von Pippin dem Älteren, ein Kloster gegründet. Foillan arbeitete dort zunächst als

Lehrer. Ittas Tochter Gertrud von Nivelles gründete die Abtei Fosses bei Namur. Sie erteilte Foillan 652 den Auftrag, ein Kloster sowie ein Krankenhaus zu bauen. Außerdem berief sie ihn zum Abt. Doch während einer Reise im Jahr 655 oder 656 wurde Foillan von Räubern überfallen und im Wald von Seneffes getötet. Seine Gebeine wurden in der Kirche St.-Maur-des-Fosses zur letzten Ruhe gebettet. Die Verehrung dieses Missionars verbreitete sich vor allem in der Wallonie und im Rheinland. Reliquien des Heiligen kamen unter anderem auch in die nach ihm benannte Kirche in Aachen. Dieses Gotteshaus war schon 1180 in Aachen nachweisbar. 1260 wurde das Gotteshaus zur Pfarrkirche erhoben. Bis 1811 durfte nur in dieser Kirche in Aachen getauft werden, nicht einmal der Dom kam als Taufort in Frage.

Für Foillan hatten sich mehrere Namen eingebürgert: Foilan, Faelan, Feuillien, Faolan, Foelan oder Faolan. Er war der Bruder der heiligen Ultanus und Fursäus und gilt als Patron der Brückenbauer, Zahnärzte, Chirurgen und Kinderschwestern.

Landelin kam als einer der ersten christlichen Missionare Anfang des 7. Jahrhundert in die Ortenau. Seine Heimat war Irland, auch wenn in den Überlieferungen vieler irischer Wandermönche Schottland als Herkunftsland angegeben wird. Mindestens bis zum 10. Jahrhundert war Schottland gleichbedeutend mit Irland. Landelin kam ins Elsass, setzte über den Rhein und ließ sich am Rande des Schwarzwaldes nieder. Dort wurde er von einem christlichen Mann namens Hedolfus und seiner Familie aufgenommen. Eine seiner Töchter war blind. Landelin blieb eine Weile bei der gastlichen Familie, dann zog es ihn seinem mönchischen Ideal folgend in die Einsamkeit, doch versprach er, bald wiederzukommen. An einer Stelle, wo die Flüsse Unditz und Lautenbach zusammenfließen, ließ er sich nieder. Er machte das Land urbar und baute sich eine Hütte. Auf einem südlich gelegenen Berg residierte der Burgherr Giso. Auf der Jagd nach einem Wildbret gewahrte dessen Jäger eines Tages den Eindringling. Aus Furcht, der Fremde könne das Wild seines Herrn vertreiben und die Jagdgründe zerstören, tötete er den Mönch. Dort, wo er den Märtyrertod erlitt, sprudelten nach der Legende vier oder fünf Quellen.

Inzwischen warteten die früheren Gastgeber vergeblich auf Landelin. Sie machten sich auf die Suche und fanden schließlich den Leichnam. Als das blinde Mädchen sich über Landelins Leiche beugte und das Blut des Toten über seine Augen strich, konnte es plötzlich wieder sehen. Die Menschen luden den Leichnam auf eine Bahre, um ihn auf die andere Rheinseite zu bringen. Doch die Last wurde unterwegs so schwer, dass sie den Transport abbrachen. Sie sahen darin ein Zeichen, dass der Tote am Ort seines Martyriums begraben werden wollte.

Aus Landelins früherer Zelle entstand mit der Zeit eine kleine Mönchssiedlung, die Bischof Widegern von Straßburg um 728 zu einer „cella monarchorum", zu dem kleinen Kloster „Mönchzell" erhob. Der Nachfolger Widegerns, Bischof Etto von Straßburg, bestätigte die Gründung und verpflichtete die Mönche auf die Ordensregel des hl. Benedikt. Er ließ um das Jahr 763 im heutigen Ettenheimmünster ein neues Kloster erbauen, das den Namen „Monasterium Ettonis" – Kloster des Etto – erhielt. Ettenheimmünster gehörte seit dem 11. Jahrhundert zum Bistum Straßburg, wo die Verehrung des hl. Landelin seit dem 11. Jahrhundert nachweisbar ist. Landelin gilt als Patron bei Augenleiden. Viele Menschen benetzen ihre Augen mit Wasser aus der Landelinsquelle. Bei einer Reiterprozession zu Ehren des Heiligen wird ein silbernes Büstenreliquiar aus dem Jahre 1506 mitgeführt, das seinen Platz in der St.-Landelin-Wallfahrtskirche in Ettenheimmünster hat.

Marinus und Anianus waren Zeitgenossen des hl. Kilian, des hl. Korbinian und des hl. Rupert. Die Legende berichtet, dass sie nach Rom gereist und von Papst Eugen I. empfangen worden seien. Marinus wurde zum Wanderbischof geweiht, Anianus empfing die Diakonatsweihe. Sie kamen in die Gegend des Irschenberges – des irischen Berges – bei München, wo sie 40 Jahre als Einsiedler lebten. Marinus zog es nach Wilparting, Anian zur nahen Alb. Plündernde Vandalen sollen Marinus ermordet und verbrannt haben, während Anian fast gleichzeitig eines natürlichen Todes starb. Über den Sterbeorten beider Missionare erhoben sich bald Kirchen, die zu den ältesten christlichen Kultstätten in Bayern gehörten.

Die politische Situation in Deutschland

Heiligenviten beschreiben meist schönfärberisch die Erfolge der Glaubensboten. Sie haben die Frohe Botschaft meist ohne besondere Widerstände verkündet, und wenn es Schwierigkeiten gab, dann wurden sie mit Gottes Hilfe bald überwunden. Im ärgsten Fall, wenn den Missionaren mit dem Tode gedroht wurde, winkte ihnen die Krone des Märtyrertums. Doch wie stellte sich die politische Situation in der vorkarolingischen Zeit, die ja eine wesentliche Epoche der Christianisierung umschloss, dar? In welche Situation gerieten zum Beispiel die Ewalde-Brüder?

Die Sachsen drangen Ende des 7. Jahrhunderts von Norden kommend allmählich weiter nach Süden vor. Das Land zwischen Lippe und Ruhr bewohnten damals die Brukterer, die dem Stammesverband der Franken angehörten. Allerdings waren sie hier zahlenmäßig wohl nicht sehr stark verbreitet, denn der größte Teil der Franken hatte sich nach dem Zusammenbruch des Römischen Reiches im 5. Jahrhundert auf linksrheinisches Gebiet zurückgezogen. Aus jener Zeit sind allerdings zahlreiche Grenzkriege überliefert, die dem Vordringen der Sachsen Einhalt gebieten sollten. Der sächsische Angriff auf das Brukterergebiet hat nach dem Bericht des Chronisten Beda zwischen 694 und 696 stattgefunden. Nicht viel später muss auch der Mord an den Ewalde-Brüdern geschehen sein – keinesfalls wie meist angegeben im Jahr 693. Die Missionare betraten auf ihrer Missionsreise gerade von den Sachsen erobertes fränkisches Gebiet. Als Angelsachsen konnten sie sich mit den neuen Landesherren einigermaßen verständigen. Sie mussten sich jedoch zunächst des Wohlwollens des Gaufürsten versichern, bevor sie mit der Verkündigung einer neuen Religion beginnen konnten. Deshalb schickten der weiße und der schwarze Ewald ihren Gastgeber zum zuständigen „Satrapen". Ähnlich gingen auch der hl. Kilian und seine Gefährten Kolonat und Totnan vor, als sie beim Herzog Gozbert im Mainfränkischen die Predigterlaubnis einholten.

Das sächsische Gebiet an Ruhr und Lippe war von der christlichen Religion nicht ganz unberührt geblieben; immer wieder hatten irische Missionare auch in diesem Raum gepredigt. Doch widersetzten sich die Sachsen über Jahrzehnte den Missionierungsversuchen, bis Karl der Große schließlich in den über 30 Jahre währenden Sachsenkriegen mit Feuer und Schwert „Zwangstaufen" durchsetzte.

Für die neu angesiedelten Sachsen auf ehemals fränkischem, aber noch nicht gänzlich gesichertem Gebiet war die offensichtlich unmissverständlich christliche Demonstration der Ewalde-Brüder eine Herausforderung, gar eine wenn auch unbeabsichtigte Provokation, da ihre eigene Situation noch nicht gefestigt war. Zwar zeigte das Christentum gegenüber den heidnischen Gepflogenheiten eine eindeutige theologische Überlegenheit, doch sich politisch und zugleich religiös neu zu orientieren, erschien den sächsischen Einwanderern nicht zwingend erforderlich. So ist es wohl auch zu verstehen, dass der Ortsvorsteher, der das Gastrecht gewährte, in eine Zwickmühle geriet. Er erlebte die unvorsichtigen, ihren Glauben offen lebenden Missionare und befürchtete wie seine

Landsleute zugleich eine fränkische Reaktion auf die Landnahme durch die Sachsen. Die Missionare wurden zu „Feinden", die man vernichten musste, denn sie waren in der Lage, den Gaufürsten für ihre Ziele zu gewinnen. Eine Reihe der Adeligen sympathisierte nämlich ohnehin schon mit den Franken, weil sie sich auf Dauer Vorteile vom stärkeren Nachbarn versprach.

Die in der Legende vertretene Behauptung, die Leichname der beiden Brüder seien in den Rhein geworfen worden, entbehrt jedoch jeder Logik: Die Sachsen sind nie bis an den Rhein vorgestoßen. Wenn Werner Rolevinks vom münsterschen Laer spricht, wo die Märtyrer ebenfalls verehrt wurden, so kann es sich hier um eine Verwechslung mit Laer, einem Stadtteil von Duisburg, handeln. In der Nähe befindet sich die Mündung der Emscher in den Rhein. Doch blieb der Ort stets fränkisch.

St. Alto in Altomünster

Um 740/750 ließ sich ein Wandermönch mit Namen Alto im heutigen Marktflecken Altomünster in Oberbayern nieder und gründete mit Hilfe des Karolingerkönigs Pippin und des hl. Bonifatius ein kleines Kloster („monasterium Alti"), das die Benediktusregel annahm. Es ist nicht ganz sicher, ob Alto († 760) den iroschottischen Missionaren zugerechnet werden kann oder dem Namen nach ein Deutscher war. Mancher Forscher zählt ihn zur Begleitung Virgils von Salzburg. Der Mönch Orthlo aus dem Regensburger Kloster St. Emeran hält ihn für den Spross eines schottischen Adelsgeschlechts.

Während der Ungarneinfälle im 10. Jahrhundert wurde das Kloster zerstört. Um das Jahr 1000 erneuerten die Welfen die Niederlassung, weil man dem hl. Alto einige Erscheinungen zugeschrieben hatte, und verlegte hierher das um 900 in Unterammergau gegründete Benediktinerkloster. Herzog Welf IV. schickte 1047 die Benediktinermönche zur Besiedlung des neu gegründeten Klosters Weingarten in Altdorf, heute Weingarten, während die vorher in Altdorf ansässigen Nonnen nach Altomünster kamen. Dort lebten sie bis zur Auflösung des Klosters durch Papst Innozenz VIII. im Jahre 1485. Herzog Georg der Reiche besetzte Altomünster danach mit Brigittinnen von Gnadenberg und Maihingen. In diesem Doppelkloster sollen zunächst 25 Mönche und 60 Nonnen Heimat

Tanzfigur nach dem Book of Kells

gefunden haben. Am 18. März 1803 wurde das Kloster schließlich aufgelöst, 1841 als Priorat durch Ludwig I. wiederhergestellt. Der heute dort ansässige Brigittenorden – die einzige Niederlassung noch in Deutschland – geht allerdings auf die hl. Brigitta von Schweden (um 1303–1373) zurück.

Alkuin – Berater Karls des Grossen

Man sagt, er sei von edler Herkunft gewesen: Alkuin (angelsächsisch „Ealh-wine“). Er wurde um 730 oder 737 in York geboren und starb am 19. Mai 804 in Tours. Aethelbert bildete ihn an der Domschule in York aus, später wurde er dessen Assistent, 778 sogar sein Nachfolger. Alkuin war Lehrer des hl. Luitger. Nachdem er seine Diakonatsweihe erhalten hatte, traf er 781 auf einer Reise nach Rom in Parma mit Karl dem Großen zusammen. Der berief ihn nach Franken, wo er 782 mit mehreren Landsleuten eintraf und bis zum Lebensende blieb – mit einer Ausnahme von drei Jahren. Karl übertrug dem gebildeten Kleriker die Abteien Troyes, Ferrières sowie die Zelle St.-Josse-sur-Mer. Alkuin unterrichtete nicht nur den Regenten Karl, sondern auch seine Söhne und Töchter und die Verwandten und erhielt den Beinamen Flaccus. Er war bald Mittelpunkt eines gelehrten Kreises. 790 kehrte er mit Aufträgen an Offa von Mercia nach England zurück. Dieser König, der von 757 bis 796 regierte, war ein mächtiger Herrscher seiner Zeit, er eroberte Teile von Wales, die er durch einen langen Erdwall gegen die Waliser schützte. Papst Hadrian I. schickte 786 zwei Gesandte zu ihm, die 787 an der Synode von Chelsea teilnahmen, auf der mit päpstlicher Zustimmung Lichfield zum dritten englischen Erzbistum erhoben wurde. Offa war ein großer Wohltäter der Klöster und Kirchen, er gilt auch als Stifter von St. Alban. Große Spenden ließ er den Armen von Rom zukommen, außerdem stiftete er Gelder für Kerzenschmuck in den römischen Kirchen.

Im Jahre 794 war Alkuin wieder in Frankreich. Er bekämpfte den Adoptianismus in Frankfurt und ab 800 in Aachen. 796 erhielt er die Abtei St. Martin in Tours, wo er die Ordenszucht zu verbessern trachtete und eine blühende Schule errichtete. Sein Schüler waren Amalarius von Metz und Hrabanus Maurus, ferner Abt Hildwin von St.-Denis und Erzbischof Eanbald II. von York. Alkuin hat viele Schriften veröffentlicht und sich um das Bildungswesen verdient gemacht.

Der Adoptianismus lehrte zwei Sohnschaften in Christus, eine göttliche und eine menschliche. Als Mensch sei Christus ein Adoptivsohn Gottes, wie jeder Gerechte in der Taufe es wird, und nicht wahrer und eigentlicher Gottessohn. Ist in Christus jedoch nur eine Person, die göttliche, der beide Naturen angehören, und ist diese eine Person der wahre und eigentliche Sohn Gottes, dann ist es häretisch, ihn Adoptivsohn zu nennen. Denn die Sohnschaft kommt nur der Person, nicht der Natur zu. Der Adoptianismus aber suchte irrtümlich die Sohnschaft auf Seiten der Natur.

Der hl. Koloman – als Spion hingerichtet

Auf der Pilgerreise ins Heilige Land wurde im Jahre 1012 ein irischer Königssohn bei Stockerau in Österreich gefangengenommen und hingerichtet. Viel wissen wir nicht über diesen als Wanderprediger tätigen jungen Mann. Das Schicksal traf ihn hart, denn er geriet in die Auseinandersetzungen zwischen König Heinrich II. und Herzog Boresław I. Chrobry von Polen. Da Koloman fremdartig aussah und wahrscheinlich auch eine ungewohnte Kleidung trug, hielt man ihn für einen Spion aus Böhmen, setzte ihn fest und erhängte ihn nach der Folter zwischen zwei Mördern an einem Holunderbusch. Auf der Rückseite des Klosters St. Koloman soll der abgestorbene Baum noch heute zu sehen sein. Eine andere Legende berichtet, Koloman sei nicht erhängt, sondern erschlagen worden.

Gehenkte wurden nicht bestattet, sondern am Ort ihrer Hinrichtung belassen. Doch wider Erwarten verweste der Leichnam nicht. Vielmehr ereigneten sich an dieser Stelle nach der Überlieferung zahlreiche Wunder, weshalb der Tote in die Basilika überführt und dort beigesetzt wurde. Auch hier sollen zahlreiche unerklärliche Ereignisse geschehen sein. Markgraf Heinrich I. kamen die wundersamen Phänomene zu Ohren. Er setzte eine Kommission zur Überprüfung der Wunder ein und ließ das Grab öffnen. Kolomans Leichnam zeigte noch immer keine Verwesungsspuren. So befahl der Markgraf, die Leiche nach Melk zu überführen, wo der Eichstätter Bischof Megingaud sie am 13. Oktober 1014 in der St. Peterskirche außerhalb der Melker Burg abermals bestatte. Wahrscheinlich war das ungewöhnliche Grab Auslöser für die Gründung des Stiftes Melk. Papst Innozenz IV. schrieb im Mai 1244 an den Bischof von Passau., dass nach Prüfung der von Herzog Friedrich II. berichteten Wunder an Kolomans Grab der „Kolomanitag" in ganz Österreich und den angrenzenden Provinzen begangen werden solle. Friedrich wollte durch seine Initiative wohl ein eigenes Bistum bekommen und die Gebeine in der Bischofsstadt zur letzten Ruhe betten.

Inzwischen machte jedoch der König von Ungarn Druck. Er ließ Kolomans Leichnam in sein Reich überführen, doch aufgrund großer Naturkatastrophen, die man der widerrechtlichen Aneignung zuschrieb, kehrte der Transport an den Ausgangsort zurück. Allerdings soll der Kopf ohne Unterkiefer in Stuhlweißenburg geblieben sein. Der Unterkiefer wurde in die sogenannte „Kolomanimonstranz" gefasst und am „Kolomanitag" den Gläubigen gezeigt.

Doch noch kamen die Gebeine des irischen Königssohnes nicht zur Ruhe. Rudolf IV. stiftete 1362 für Koloman ein prächtiges Grabmal. Im „Bischofstor" des Stephansdoms zu Wien soll 1361 der von Rudolf in Auftrag gegebene und aus Messing bestehende „Kolomanistein" eingemauert worden sein. Heute ruhen die sterbliche Überreste Kolomans im linken vorderen Seitenaltar der barocken Melker Stiftskirche. Zahlreiche Kirchen und Kapellen in Österreich, Bayern und Schwaben sind dem Gedächtnis des Heiligen geweiht. Koloman ist Patron der Reisenden und der Tiere, aber auch der zum Tode durch den Strang Verurteilten. Bei Kopf- und Fußleiden, Unwetter, Feuersgefahr und gar bei Ratten- und Mäuseplagen soll er angerufen werden.

Vom Königssohn zum Schweinehirten – der hl. Wendelin

Das Leben des hl. Wendelin wird von Legenden umrankt, da sich nur wenige konkrete Hinweise ergeben. Fest steht wohl, dass er aus Irland oder Schottland stammt und nicht, wie zeitweise auch angenommen, aus deutschen Gauen, und dass er in der Tradition irischer Mönche wirkte. Die Sagenbildung machte ihn zum schottischen Königssohn, der – ähnlich wie der hl. Kevin als Spross eines Königs aus der Provinz Leinster, der im Tal von Glendalough seine Einsiedelei errichtete – nach Alternativen zu seinem bisherigen Leben suchte. So soll Wendelin in die Gegend von Blies und Saar gekommen sein. Ein Edelmann hat ihn – der Überlieferung zufolge – zu seinem Viehhirten gemacht, und, da der Adelige dessen demütiges und gottergebenes Leben sah, in der Nähe eines Mönchsklosters Raum für seine Zelle angeboten. Dort lebte Wendelin bis zu seinem Tod um das Jahr 617. Die Mönche des benachbarten Klosters begruben ihn auf ihrem Friedhof, doch morgens lag sein Leichnam neben dem Grab. Darauf bettete man den Leichnam auf einen Ochsenkarren und überließ die Tiere sich selbst. Der Wagen hielt an Wendelins früherer Klause. Hier fand er seine endgültige Ruhestätte.

Der frühere irische Primas, Tomás Séamus Kardinal Ó Fiaich, ein exzellenter Historiker und Kenner der gälischen Sprache, führte den Namen Wendelin auf den irischen Namen O`Fionnalán – in der alten Sprechweise Finalán – und damit auf einen Clanführer oder Kleinkönig in der heutigen Grafschaft Westmeath zurück, woraus sich die hohe und edle Herkunft Wendelins ableiten lässt. Die Familie wurde von dort durch die Normannen vertrieben.

Der hl. Wendelin soll auf der Rückreise von einer Pilgerfahrt nach Rom Trier, die alte Kaiserstadt, besucht haben, deren Heiligtümer eine große Anziehungskraft auf Besucher ausübten. Dort wirkte in der ersten Hälfte des 6. Jahrhunderts neben Bischof Nicetius Bischof Magnerich († 587), der in seiner Umgebung „zahlreiche heiligmäßige Männer" (magnae sanctitatis viri) feststellte, wie Paulus, Ingobertus, Disibodus, Wandalinus (Wendelin), Carilelfus, Wulfilaicus, Banthus und Beatus. Ingobertus und Disibodus stammten zweifelsfrei aus Irland. Diese Männer suchte der Bischof nach dem Zusammenbruch des Römischen Reiches und den Folgen der Völkerwanderung in seine Seelsorge einzubinden.

Ursprünglich wollte Wendelin nach der Legende wohl nach Irland zurückkehren, doch die anfänglich geschilderte Begegnung mit dem Edelmann oder Gutsherrn trug zu seinem Verweilen bei. Als er an dessen Tür nämlich um ein Stück Brot bat, entgegnete der Reiche: „Ein junger kräftiger Bursche soll sich das Brot nicht erbetteln, sondern erarbeiten." Deshalb nahm Wendelin demütig den schlichten Dienst des Schweine-, Schaf- und Kuhhirten an, denn er ahnte, dass diese Arbeit eine Prüfung Gottes war. Er kam mit seinen Herden bis in das nördliche Saarland, in die Umgebung der heutigen Stadt St. Wendel. Die neidischen Hirtenkollegen gönnten Wendelin seine stetig wachsende Herde nicht und schwärzten ihn bei seinem Arbeitgeber an. Als dieser für seine Gäste ein Schaf schlachten und zubereiten lassen wollte, die Herde jedoch nicht in der Nachbarschaft antraf, kam es zum Eklat. Doch durch ein „Translokationswunder" versetzte Wendelin die Schafe in die Nähe des Gutshofes und errang so die Gunst und Bekehrung des Edelmanns, der ihm darauf im Bereich der heutigen Stadt St. Wendel das Gelände für die Einsiedelei schenkte.

Der irische Königssohn erwies sich als großer Helfer für die Landbevölkerung, die ihn um vielerlei Rat, besonders was die Tierhaltung betraf, ersuchte. An der Stätte seines Wirkens entstanden später die Wendelinuskapelle und die Quelle mit dem viel geschöpften „Wendelswasser". Ein hier bereits um 620 nachgewiesenes Kloster – Tholey – soll Wendelin das Amt des Abtes angetragen haben. Paulus († 642), der irische Mitbruder, wurde zweiter Abt von Tholey und später Bischof von Verdun. Er hatte vorher am Hof Chlothars II. gelebt, der der irisch-keltischen Mission stets gewogen war. Die Begräbnis- und Pilgerstätte des hl. Wendelin ließ er mit dem Ort „Basonis villae" – St. Wendel – aufkaufen und dem Bistum Verdun einverleiben. Heute zeugt die große Wendelinusbasilika von der Beliebtheit des großen irischen Heiligen Wendelin.

St. Pirmin predigt in der Pfalz

Wenn man der Überlieferung trauen kann, sind 26 namentlich bekannte irische Missionare mit Gefolge in Deutschland tätig gewesen. Einige sind uns bekannt, die meisten jedoch nicht. Sie kamen nicht allein, sondern jeweils mit einer insgesamt nach Hunderten zu bemessenden Gefolgschaft. Einer, der wie die anderen „pro evangelio Christi peregrinationem suscepit" – für das Evangelium Christi die Pilgerschaft annahm –, war Pirmin oder Pirminius, ein Abtbischof der karolingischen Frühzeit. Die Stadt Pirmasens trägt nach ihm ihren Namen. Der Ort seiner Geburt, die um 690 erfolgte, ist nicht bekannt. Er wird in den Legenden als Westgote, Iroschotte oder von romanischer Herkunft bezeichnet. Möglicherweise floh er 718 vor den vordringenden Arabern aus Spanien oder Südfrankreich. Jedenfalls erhielt er um 720 die Weihe zum Wanderbischof und die Beauftragung zur Mission in Nordwestfrankreich und am Oberrhein.

Dank der guten Beziehungen zum Hausmeier Karl Martell konnte Pirmin zahlreiche Klöster gründen, darunter wohl auch Mittelzell auf der Bodenseeinsel Reichenau. Weil Herzog Theobald ihn vertrieb, setzte er seine Missionstätigkeit nach 726 im Elsass fort. Im karolingischen Herrschaftsbereich konnte er als Gründer der Klöster Murbach, Neuweiler, Schwarzach, Schuttern, Gegenbach und schließlich Hornbach (um 740) in Erscheinung tre-

Verschränkte Hunde

ten. Ob auch Amorbach dazu zu zählen ist, bleibt offen. Pirmin hielt seine Mönche zur Einhaltung der benediktinischen und nicht der kolumbanischen Klosterregel an. Er starb in Hornbach in der Pfalz, das sich 1558 auflöste, seine Reliquien kamen nach Speyer und 1576 nach Innsbruck. Pirmin ist Patron des Elsass, der Insel Reichenau und von Innsbruck. Ein Sprichwort sagt: „Damit uns Speis und Trank gedeih, St. Pirmins Hand sie benedei!“

Der hl. Trudpert bei den Alemannen

Geboren in der zweiten Hälfte des 6. Jahrhunderts in Irland oder Schottland kam Trudpert zunächst nach Rom und erhielt dort die Befähigung, in Alemannien missionarisch zu wirken. Die Legende erzählt, er habe sich 604 im Münstertal bei Freiburg auf dem Land des Grafen Othbert oder Otpert niedergelassen. Der gab ihm sechs Unfreie mit, die ihm beim Roden des Waldes und beim Bau der Einsiedlerhütte helfen sollten. Trudpert muss wohl ein so großes Arbeitstempo vorgelegt haben, dass zwei seiner Männer ausrasteten und ihn während der Mittagspause mit der Axt erschlugen. Das geschah um das Jahr 607. Der Graf ließ einen der Mörder verurteilen, der andere starb eines natürlichen Todes. An der Stelle der Einsiedelei entstand um 800 das nach Trudpert genannte erste rechtsrheinische Benediktinerkloster. Es fiel zu Beginn des 10. Jahrhunderts einem Hunneneinfall zum Opfer. Darauf ließen es der elsässische Grundherr Liutfrid und seine Söhne – damals griff das Bistum Straßburg noch über den Rhein – neu ausstatten, im Hochmittelalter profitierten die Mönche auch vom Grund- und Bergbaubesitz im Münstertal. 901 und 965 sind Translationen von Reliquien des hl. Trudpert bekannt.

Das Kloster erlangte als Kirchenbesitz die Pfarreien im Münstertal, Grunern, Krotzingen, Tunsel, Laufen, Biengen und andere und hatte im 13. Jahrhundert seine wirtschaftliche Hochblüte. Damals bestand das Gotteshaus aus einer dreischiffigen Basilika, die um 1100 durch ein Westwerk erweitert worden war. In der Nähe entstand das Städtchen Münster, das 1346 mit der Burg Scharfenstein der Herren von Staufen von Freiburger Soldaten zerstört wurde und zudem infolge einer großen Überschwemmung, die einen Teil des Ortes mitriss, wüst fiel. Während des Bauernkrieges 1525 hatte das Kloster unter Plünderungen zu leiden, die Disziplin sank, um 1600 war es durch Misswirtschaft dem Untergang nahe. 1632 verwüsteten die Schweden die Anlage, die nur allmählich wieder hergestellt wurde und 1712/1716 einem barocken Kirchenneubau weichen musste. Schließlich ein habsburgisches Prälatenkloster, fiel es nach der Säkularisation 1806 an das Großherzogtum Baden. Die Klosterbibliothek verwahrte eine Handschrift aus der zweiten Hälfte des 14. Jahrhunderts, die das „St. Trudperter Hohelied" enthielt, einen niederalemannischen Text des 12. Jahrhunderts.

Virgil legt sich mit Bonifatius an

Die Autobahn von München nach Salzburg führt über den „Irschenberg", den irischen Berg. Dort war Virgil, (keltisch Ferghal), zunächst Leiter des Bistums, ohne dass er die Bischofsweihe empfangen hatte. Geboren um 700 in Irland und aus einer adeligen Familie stammend, wurde er einer der bedeutendsten Gelehrten des Mittelalters. Seine theologische Ausbildung erhielt er auf der Klosterinsel Iona. 743 suchte er mit zwei Gefährten den fränkischen Hausmeier Pippin II. auf, der schickte ihn 745 zu Herzog Odilo nach Bayern. Erst 749 – oder 755 – erhielt er die Bischofsweihe, obgleich er schon Vorsteher des Bistums war und zugleich die Abtswürde von St. Peter besaß. Als Bonifatius monierte, nicht alle irischen Missionare sprächen die Taufformel richtig, kam es zum Streit vor Papst Zacharias, der jedoch die gute Absicht der Taufspender höher bewertete als die Korrektheit der Taufformel. Doch wegen der „Antipodenlehre" kam Virgil in den Verdacht der Häresie. Es ging um die Frage, ob zum Beispiel die Menschen auf der „anderen Seite der Erde" auch durch Christus erlöst seien. – Damals war die Erde im allgemeinen Verständnis noch eine Scheibe. – Die Streitfrage geriet über den Tod des Papstes schließlich in Vergessenheit. Virgil sandte Modestus und Libellus um das Jahr 767 nach Karantanien, damit sie den Menschen das Evangelium predigten. Das Gebiet umfasste damals die heutige

Steiermark, Kärnten und einen Teil von Krain. Deshalb gilt Virgil auch als Apostel Kärntens. Das Gebiet des Bistums vergrößerte er um die Missionszentren Innichen (heute Südtirol), Kremsmünster, Maria Saal, St. Peter in Holz und St. Johann bei Knittelfeld. Modestus, das weiß man, starb am 5. Dezember 772. Mit vier Priestern wirkte er auf Rat Virgils und den Bitten des Herzogs Cheitumar bei den Karantanerslawen. Er war Chorbischof, also wohl mit Missionsaufgaben betraut, doch ohne eigene Diözese, wurde aber bald irrtümlich als Bischof von Liburnia genannt.

Virgil erbaute in Salzburg einen Dom, den er am 24. September 774 oder 784 dem hl. Rupert von Salzburg weihte, dessen Gebeine hier ihre letzte Ruhestätte finden sollten. Virgil, der wegen seiner geographischen Kenntnisse auch den Beinamen „Geometer" erhielt, starb am 27. November 784 und wurde im dortigen Dom beigesetzt. Seine Heiligsprechung erfolgte am 18. Juni 1233. Die Stadt Salzburg verdankt ihm die erste kulturelle Blütezeit seit dem Ende des Römischen Reiches.

Johannes Scotus – Eriugena – Bedeutender Theologe und Philosoph

Ihm müsste eigentlich ein Sonderbeitrag gewidmet werden, denn seine Bedeutung ist nicht nur unter dem Aspekt der Missionarstätigkeit zu sehen. Er war gerade für unser Land weitaus mehr. Dieser herausragendste und originellste Philosoph und Gelehrte des 9. Jahrhunderts war zudem der wichtigste Neuplatoniker des Mittelalters. Johannes Scotus wurde um 800 in Irland (keltisch Eriu) geboren, war nach seiner Nationalität Schotte (Scotus) und kam vor 847 nach Frankreich, wo ihn Karl der Kahle nach Laon an die „Schola palatina" berief. Dort lehrte Johannes Scotus Theologie und Philosophie und war als genialer Übersetzer tätig. Obgleich er keine perfekten Griechischkenntnisse besaß, leistete er dennoch einen wichtigen Beitrag zur Verbreitung griechischen Gedankengutes. 851 wandte er sich gegen die Prädestinationslehre („De divina praedestinatione") und wurde deshalb auf den Synoden von Valence 855 und Langres 859 verurteilt. Sein Hauptwerk heißt „De divisione naturae": Da alles aus Gott geworden ist, kehrt alles zu ihm stufenweise zurück.

Johannes Scotus war auch für die Geschichte der Mystik bedeutsam. 1210 und 1225 verwarf die Kirche seine Lehren. Im „Universalienstreit" entbrannte eine Auseinandersetzung über das Verhältnis der allgemeinen Begriffe zur realen Welt, das heißt über das Problem: Welches Verhältnis besteht zwischen unseren abstrakten und allgemeinen Erkenntnissen und den Dingen außerhalb unseres Bewusstseins? Johannes Scotus starb um 877 in Frankreich, anderen Überlieferungen zufolge durch Mord in England.

Eriugena verfasste das bissigste Epigramm der Karolingerzeit auf den Erzbischof von Reims († 882):

Hier liegt Hinkmar, der Dieb, ein rechter Geizhals,
dass er starb, war seine einzig gute Tat.

Der hl. Disibod und sein altes Pilgerkleid

Der Disenberg oder Disibodenberg in der Rheinpfalz am Zusammenfluss von Glan und Nahe hält die Erinnerung an den hl. Disibod (619–700) fest, der gegen Ende des 7. Jahrhunderts aus Irland kam. Nach einem Aufenthalt in den Ardennen und Vogesen kam er mit seinen Gefährten Gisvald, Clemens und Sallust auf dieses linksrheinische Gebiet, rodete die von vulkanischem Gestein bestimmte Landschaft um den 245 Meter hohen Berg und vor allem dort, wo heute das Weinbauerndorf Staudernheim liegt. Als Einsiedler mied er die großen Römerstädte Köln, Mainz und Trier, er wollte ein Büßer- und Asketenleben führen. Disibod erlernte die Sprache der Fischer, Jäger und Holzfäller und nahm sich ihrer an. Er erbaute eine Kapelle auf der östlichen Seite des Berges und auf der Westseite eine Anzahl Hütten für seine Mitstreiter. Die Mischung aus Beten, Wachen und Fasten genügte ihm für sein entsagungsreiches Leben. Manche Menschen aus der Nachbarschaft schlossen sich ihm an. Adelige schenkten ihm Ländereien, Waldgebiete und sogar ganze Dörfer, doch den angebotenen Zehnten verweigerte er.

Disibod gründete eine Niederlassung, die Erzbischof Willigis von Mainz 743 in eine Benediktinerabtei umwandelte und die um 976 als Chorherrenstift erneuert wurde. 1108 abermals eine Benediktinerabtei, wurde sie am 29.

Spiralförmiges Tierornament

Dezember 1559 schließlich ganz aufgehoben. Am Fuß des Berges gab es seit dem 10. Jahrhundert eine Niederlassung von Ordensschwestern, die durch die selige Jutta von Sponheim (1090–1136) berühmt und 1148 durch die hl. Hildegard auf den Rupertsberg verlegt wurde. Disibod, der zeitlebens sein abgenutztes Pilgerkleid trug, starb 81jährig am 8. September 700. 1170 verfasste die hl. Hildegard die erste Vita des Heiligen.

Der hl. Fridolin – Glaubensbote am Oberrhein

Fridolin war ein irischer Wandermönch, der sich zunächst in Poitiers in Gallien aufhielt, wo er nach den Gebeinen des hl. Hilarius von Poitiers forschte und über der gefundenen Ruhestätte eine Kirche erbaute. Hier hatten die Goten und Wandalen während der Völkerwanderung gehaust und das Kloster des hl. Hilarius zerstört. Der Frankenkönig Chlodwig unterstützte die Pläne des Iren beim Bau einer neuen Klosteranlage, der Fridolin dann als Abt vorstand. Hilarius soll ihn bald darauf im Traum mit der Klostergründung auf einer bestimmten Rheininsel betraut haben. Auf dem Umweg an den Strom gründete Fridolin eine Reihe Kirchen, die er dem geschätzten Heiligen widmete, so an der Mosel, in Straßburg, in den Vogesen, selbst in Burgund und in der Schweiz.

In Säckingen entstand unter Fridolins Leitung das älteste Kloster Süddeutschlands. Doch bis zu diesem Ziel war ein weiter Weg, denn die Bewohner jagten ihn nach der Legende fort, weil sie ihn für einen Viehdieb hielten. Der Frankenkönig stellte ihm daraufhin eine förmliche Schenkungsurkunde aus. Von Säckingen aus wurde die Missionierung des Landes gesteuert. Der Heilige starb 538 als Abt des Klosters. Seine Gebeine ruhen im dortigen Fridolinmünster und sind noch Ziel zahlreicher Wallfahrtsgruppen. Sein prächtiger Barockschrein aus Silber ist jährlich Teil einer Festprozession mit Rittern, Knappen, Trachtenträgern in mittelalterlichen Kostümen.

Um die Schenkung des Grundstücks, auf dem heute das Fridolinmünster steht, rankt sich eine Legende. Der Bauer Urso hatte Fridolin den Boden geschenkt, doch als der Bauer starb, hatte Fridolin keine Zeugen für die Bestätigung. Da erweckte er ihn kurzerhand zum Leben, damit er für die Schenkung eintreten konnte. Deshalb wird Fridolin oftmals mit einem Skelett abgebildet. Ansonsten wird er bei Beinleiden und Viehseuchen angerufen – und um gutes Wetter gebeten.

Keltisches Rundornament

Johannes Duns Scotus – der scharfsinnige Denker

Manche Forscher nennen Johannes Duns Scotus den scharfsinnigsten Denker des Mittelalters. Er stammte aus Duns in Schottland, wo er um das Jahr 1266 geboren wurde, und er starb am 8. November 1308 vermutlich an der Pest in Köln, wo sich sein Grab noch heute in der Minoritenkrche befindet, in der auch Adolph Kolping beigesetzt wurde. 1291 in Northampton zum Priester geweiht, studierte er in Paris von 1293 bis 1296 Theologie, setzte seine Studien 1296 in Oxford und 1300 in Cambridge fort und ging von 1302 bis 1303 als Lehrer abermals nach Paris, das er als Anhänger des Bonifatius VIII. jedoch verlassen musste, kehrte 1304 noch einmal dorthin zurück und übersiedelte 1307 endgültig nach Köln als Lektor an die franziskanische Ordensschule. Johannes Duns Scotus gehörte zu etwa 80 Mönchen, die eine vom französischen König Philipp IV. eingeforderte Unterschrift verweigerten, mit der der Regent Unterstützung für einen Appell an ein geplantes Konzil zwecks Besteuerung des Klerus erhoffte. Das war jedoch nicht im Sinne des Papstes.

Das innerste Prinzip der Lehre des Duns Scotus ist – um es kurz zu sagen – die Liebe: Alles ist Ausfluss der freien, unendlichen und selbstlosen Liebe Gottes. Ihr höchster sichtbarer Ausdruck ist Christus. Er ist der vollkommenste Mittler der Liebe Gottes.

Der Franziskanermönch Duns Scotus hat die nach ihm benannte scholastische Richtung des Scotismus begründet. In ihm sind die Lehren des Aristoteles, des Augustinus und der Franziskaner sowie andere Denkrichtungen auf feinfühlige Weise miteinander verbunden. Dafür erhielt der scharfsinnige Denker von Zeitgenossen den Beinamen „Doctor subtilis". Für Duns Scotus nahmen Glaube, Wille und Liebe eine höhere Rangordnung ein als Wissen und Vernunft. Überhaupt gab er der Philosophie Anregungen, die noch heute beachtet werden. Er ist auch der erste mittelalterliche Denker, der Philosophie und Theologie trennte. Leider ist über sein Leben wenig bekannt. Seinen Namen erhielt er nach seinem vermuteten Geburtsort Duns, nahe der englischen Grenze bei Berwick-upon-Tweed. Als weiterer möglicher Geburtsort kommt Maxton in Roxbourghshire ins Spiel. Sein genauer Geburtstag ist nicht überliefert, doch weiß man, dass er am 17. März 1291 im Franziskanerkloster Saint Andrews die Priesterweihe empfing. In der Zeit als Lehrstuhlinhaber der Theologischen Fakultät der Franziskaner in Paris schrieb er eine Reihe von Disputationen sowie die dritte allerdings unvollendet gebliebene Fassung seiner Sentenzenkommentare, die sogenannte „Ordinatio", die allgemein als sein Hauptwerk gilt.

Duns Scotus starb zu früh, als dass man von einer geordneten Summe seiner Schriften sprechen könnte. Erhalten blieb eine Vielzahl von Manuskripten für Vorlesungen, Quaestionen und Disputationen. Nur die Ordinatio war für eine Veröffentlichung abgeschlossen. Doch nach der damaligen Methode hielt man es nicht so genau mit dem Urtext, sondern ergänzte oder glättete ihn, wo es sinnvoll erschien. Auch Notizen von Studenten flossen in das Werk ein. Zunächst nur als Abschriften verbreitet, wurde es mit der wachsenden Bedeutung des Scotismus im 17. Jahrhun-

Detail vom Nordkreuz von Ahenny,
8. Jahrhundert

dert schließlich gedruckt. Lucas Wadding besorgte 1639 in Lyon eine Gesamtausgabe, die bis ins 20. Jahrhundert als maßgebliche Quelle angesehen wurde. Manche Johannes Duns Scotus zugeschriebene Texte mussten jedoch inzwischen anderen Autoren zugeordnet werden, dagegen konnten Schriften, wie zum Beispiel zwei Aristoteles-Kommentare, die man für nicht von ihm stammend hielt, ihn eindeutig als Autor ausweisen.

Der keltische Einfluss schwindet …

Um die Festlegung des Osterdatums war es schon in der Urkirche zum Streit gekommen. Die Kirchen der Provinz Asia in Kleinasien mit der Hauptstadt Ephesus feierten wie die Juden am 14. Nissan als Schluss der Fastenzeit ein Abendmahl und drei Tage darauf – an welchem Tag auch immer – die Auferstehung Christi. Alle übrigen Kirchen begingen Ostern immer am ersten Sonntag nach dem 14. Nissan und beendeten erst dann die Fastenzeit. Der Nissan ist der siebte Monat des bürgerlichen, der erste des Festjahres der Juden, hat 30 Tage und erstreckt sich von Mitte März bis Mitte April. Der 14. Nissan war der Tag des Paschaopfers, vom 15. bis 22. Nissan wird noch heute das Fest der ungesäuerten Brote gefeiert. Papst Anicet und dem von Smyrna nach Rom geeilten hl. Polykarp gelang es nicht, eine Einigung herbeizuführen, allerdings schienen sie der Sache auch keine „große Wichtigkeit" beizumessen. Um das Jahr 168 trat in Laodicea eine Partei auf, die sich mit Melito von Sardes an der Spitze zugunsten des 14. Nissan aussprach. Ihm traten Appolinaris Claudius von Hierapolis, Hyppolit von Rom und Klemens von Alexandrien entgegen. Auf Veranlassung von Papst Viktor I. fanden in Cäsarea in Palästina, in Pontus, in Korinth und schließlich in Rom Synoden statt, die die römische Praxis bevorzugten, während die asiatischen Bischöfe mit

Polykrates von Ephesus an der Spitze an ihrer Tradition festhielten. Die einen beriefen sich auf die Überlieferung der Apostelfürsten, die anderen auf die Apostel Philippus und Johannes. Papst Viktor bedrohte die Widerspenstigen mit dem Kirchenbann, doch Irenäus von Lyon hielt ihn von der Verhängung ab mit der Begründung, es handele sich nicht um Glaubensfragen, sondern um Differenzen bei den Riten.

Das Konzil von Nicäa im Jahre 325 bestimmte schließlich: Ostern soll an jenem Sonntag gefeiert werden, der als nächster auf den Frühlingsvollmond folgt. Als Frühlingsvollmond galt jener, der auf den 21. März oder zunächst nach ihm fällt. Trifft nun aber der genannte Vollmond mit einem Sonntag zusammen, so darf Ostern erst am folgenden Sonntag gefeiert werden, damit das Osterfest der Christen nicht mit dem Paschafest der Juden zusammenfalle. In der alexandrinischen Kirche gab es Astronomen, die das Osterdatum jeweils vorausberechnen und es dem Papst mitteilen sollten. Die sich nicht an das neue Datum hielten, wurden Quartodezimaner („Vierzehner") genannt.

Als Patrick in Irland seine Missionstätigkeit begann, führte er den alten 84jährigen und von Sulpicius Severus verbesserten Osterzyklus ein. An ihm hielten die Iren auch noch fest, als die neu bekehrten Angelsachsen die dionysische Berechnung annahmen. Mit dem hl. Kolumban, der nach Süden aufbrach, kam die irische Praxis auch nach Gallien, wo der Heilige sie gegen die dortigen Bischöfe verteidigte und zu Unrecht als Quartodezimaner diffamiert wurde, denn Kolumban stand in steter Verbindung mit der römischen Kirche. Der irisch-gallisch-römische Osterfeststreit dauerte bis 729, dann nahm die Mehrheit der Briten die römische Osterberechung an. Diese Übernahme liest sich leichter, als sie tatsächlich gewesen ist, und führte zunächst zu zahlreichen Differenzen.

Die irische Urkirche war stark koptisch orientiert, das heißt, sie bezog ihr geistiges, ihr theologisches Rüstzeug aus den Christengemeinden und Mönchssiedlungen Ägyptens, des Vorderen Orients und Kleinasiens. Da Irland nie dem Römischen Weltreich einverleibt worden war, konnte sich auf der Insel eine eigenständige Kirche entfalten. Tacitus schreibt zwar über den Militärbefehlshaber in Britannien, Gnaeus Julius Agricola, er habe diesen oft sagen hören, dass man in Irland mit einer Legion und einer bescheidenen Anzahl von Hilfstruppen einfallen und es erobern könne, aber diese Pläne wurden seltsamerweise nie verwirklicht. Die irische Kirche, die viele keltische Elemente übernommen hatte, überlebte den Untergang des Römischen Reiches und war in der Folgezeit ein wichtiger Transformator christlichen Wissens, denn die Bücher der Antike überstanden die Zeit unbeschadet in den keltischen Klöstern. Aus ihnen entwickelte sich die vielgerühmte hochstehende Buchkultur, von denen die Bücher von Durrow, Lindisfarne, Durham, Armagh und Kells Aufschluss geben. Während die römische Kirche zwischenzeitlich manche liturgische Entwicklung durchstand, blieb die isolierte irisch-keltische Kirche von den Veränderungen unberührt.

Die Christianisierung der Angelsachsen, die das Gebiet des späteren England erobert hatten, geschah aus zwei Richtungen. Einmal begann Augustinus von Canterbury auf Geheiß Papst Gregor des Großen 597 von Kent aus im Süden und Osten Englands mit der Missionierung nach römisch-katholischem Ritus, während eine zweite Bekehrungswelle nach keltischem Ritus durch die Iro-Schotten vom Kloster Iona ausging und den Norden Englands erfasste. 635 entstand das Kloster Lindisfarne. Beide Bewegungen trafen sich in Northumbrien und führten zwangsläufig zu Irritationen, wenngleich die dogma-

Illuminierter Buchstabe, 8. Jahrhundert

tischen Differenzen zunächst keine fundamentalen Beschlüsse verlangten. Entscheidungen über Tracht und Tonsur waren eher sekundär, doch die Frage des Ostertermins, der unterschiedlich berechnet wurde, konnte zu erheblichen Verständigungsschwierigkeiten führen.

Als irische Missionare, an ihrer Spitze der hl. Columba, in England, im Norden Britanniens missionierten, gaben sie das koptisch geprägte Christentum weiter. Da sich die Frohe Botschaft auch von Gallien nach England ausbreitete, wo man die römische Kirchenordnung kannte, kam es zwangsläufig zu Konflikten. Ein solcher Streit entstand eben um das wahre Osterdatum. Da jede Partei für sich in Anspruch nahm, nach der wahren Überlieferung richtig zu handeln, geschah es öfter, dass das Osterfest zweimal im Jahr gefeiert wurde, nämlich einmal nach römischer, zum andern nach irisch-keltischer Version.

Nach einem Bericht des Beda Venerabilis feierte der König von Northumbrien, Oswy oder Oswiu, bereits das Osterfest, während seine Frau Eanfled, eine geborene Prinzessin von Kent, die aus ihrer Heimat einen römisch-gallisch erzogenen Kaplan namens Romanus mitgebracht hatte, noch Palmsonntag beging und fastete. Diese zweifache Osterfeier wurde eine Weile hingenommen. Während der Zeit des Bischofs Colmán, der irisch und keltisch geprägt war, kam es jedoch zu ernsthaften Kontroversen, die schließlich vor dem König geschlichtet werden mussten.

Möge das Heimweh dir immer
den Weg nach Hause zeigen,
wo du auch weilst.
Möge das Licht im Fenster deines Hauses
auch in der trübsten aller Nächte
nicht verlöschen und dir Wegweiser sein.
Möge das Lachen deiner Kinder
das Pfeifen des Windes übertönen
und den Gesang des Regens vor deiner Tür.
Mögest du immer wissen,
wohin du zurückkehren wirst,
auch wenn deine Augen blind sind.
Möge dich dein Schutzengel
auf allen Wegen begleiten
und dir dort, wo er dir nicht folgen kann,
einen deftigen Knotenstock in die Hand geben.

Die Synode von Whitby

Im Jahr 664 fand im Kloster Strenaeshalc in Whitby im angelsächsischen Northumbrien eine denkwürdige Versammlung statt, die König Oswy, ein Schüler und Täufling der Iren, eröffnete. Sein Sohn Alchfrid war von dem in Rom ausgebildeten und wegen seiner Gelehrsamkeit bekannten Wilfrid von York erzogen worden und hing den römischen Traditionen an. Ein Freund Alchfrids und Wilfrids war Agilberct, Bischof von Wessex, der nun mit seinem Priester Agathon auf Wunsch des Königssohnes die römische Seite in dem Streitgespräch vertrat. Seine Kontrahenten waren die Bischöfe Colmán und Cedd mit ihren irischen Klerikern. Auch die Äbtissin Hild und ihre Nonnen im Kloster Strenaeshalc hielten zu den Iren. Beide Parteien erhielten nach Eröffnung der Tagung Gelegenheit, ihre Standpunkte zu vertreten. Bischof Colmán sagte: „Alle unsere Väter, von Gott geliebte Männer, haben, wie wir wissen, Ostern auf dieselbe Weise gefeiert. Und damit niemand glaube, dies verachten oder tadeln zu dürfen: Es ist dasselbe Osterdatum, das der Evangelist Johannes, der Lieblingsjünger des Herrn, wie wir lesen, mit allen Kirchen, denen er vorstand, beobachtet hat."

Die Seite Roms verfocht Wilfrid von York: „Das Ostern, das wir halten, haben wir in Rom, wo die heiligen Apostel Petrus und Paulus lebten und lehrten, gelitten haben und begraben sind, von dem Volk so feiern sehen. Dieselbe

Osterfeier haben wir überall in Italien, dieselbe in Gallien angetroffen, wohin wir zum Studium und zum Gebet gegangen waren. Wir hören, dass in Afrika, Asien, Ägypten, Griechenland, überall in der Welt, wohin sich die Kirche Christi ausgedehnt hat, Ostern nach der gleichen und nicht nach einer verschiedenen Zeitberechnung gefeiert wird. Die einzige Ausnahme sind hier die Iren und ihre Verbündeten, die Pikten und Briten. Mit denen im Bunde, den Bewohnern der zwei äußersten Inseln – und nicht einmal mit allen –, kämpfen sie in sinnloser Mühe gegen die ganze Welt."

Nun wurde heftig diskutiert, die unterschiedliche Berechnung des Osterfestes erläutert. Wilfrid lobte die irischen Mönche und ließ keinen Zweifel an ihrer Sendung und Aufgabe. Zusammenfassend aber sagte er zu Bischof Colmán: „Wenn du aber und deine Gefährten, nachdem ihr die Bestimmungen des Apostolischen Stuhles, nein, der gesamten Kirche gehört und sie durch die Heilige Schrift bestätigt gefunden habt, sie verächtlich ablehnt, dann seid ihr ohne Zweifel in Sünde. Denn wenn deine Väter auch heilige Männer waren – darf man der Gesamtheit der Kirche Christi, die sich über den ganzen Erdkreis erstreckt, das Häuflein aus einem Winkel der äußersten Kirche vorziehen? Und wenn auch jener euer Columba – und ebenso der unsere, wenn er ein Mann Christi war – heilig und wundermächtig gewesen ist, hätte man ihn dem hochheiligen Apostelfürsten vorziehen können, dem der Herr gesagt hat: Du bist Petrus, und auf diesen Felsen werde ich meine Kirche bauen, und die Pforten der Hölle werden sie nicht überwältigen. Dir werde ich die Schlüssel des Himmelreiches geben?"

König Oswy wandte sich an Bischof Colmán: „Ist es wahr, Colmán, dass der Herr so zu Petrus gesprochen hat?"

„Es ist wahr, mein König“, antwortete Colmán.

„Habt ihr etwas von gleicher Vollmacht vorzubringen, die eurem Columba verliehen wurde?“ erkundigte sich der Herrscher.

„Nichts“, erwiderte Colmán.

„Ihr stimmt also beide ohne Widerspruch darin überein, dass der Herr so mit Vollmacht zu Petrus gesprochen und dass er ihm den Schlüssel des Himmelreiches gegeben hat?“

Beide antworteten: „Ja.“

Der König dachte eine Weile nach und fällte eine salomonische Entscheidung: „So sagte ich euch denn: Dieser, Petrus, ist der Pförtner, ihm will ich nicht widersprechen. Im Gegenteil, ich will seinen Geboten nach bestem Wissen und Gewissen gehorchen. Sonst komme ich vielleicht vor die Himmelstür und keiner macht mir auf, weil er, der erwiesenermaßen die Schlüssel hat, gegen mich ist.“

Von nun an feierte man in England und in einem Teil Irlands das Fest der Auferstehung des Herrn nach dem neuen Terminkalender.

Bischof Colmán hat lange unter der Entscheidung König Oswys gelitten. Er zog sich mit den Seinen auf irisches Gebiet zurück. Seine Nachfolge auf dem Bischofsstuhl von Northumbrien trat Tuda an, ein Schüler der römisch orientierten Kirche von Südengland. Der Übergang zur neuen Regelung erfolgte nicht gleich, es vergingen noch Jahre, bis sie Fuß fasste, doch um 695 war Nordirland, um 716 Schottland und um 755 Wales der römischen Praxis Northumbriens gefolgt.

Die Kirchenreform des 12. Jahrhunderts

Eine weitaus tiefer greifende Kirchenreform ereignete sich im 12. Jahrhundert. Einmal trug die Verweltlichung der Klöster dazu bei, nicht zuletzt auch die politische Entwicklung mit dem drohenden Zugriff Englands auf Irland. Das Bistum Dublin schickte mit der Zeit seine Priester nach Canterbury zur Bischofsweihe. Waterford und Limerick schlossen sich an. Bald beanspruchte der Erzbischof von Canterbury die Gerichtsbarkeit über Irland. Der hl. Anselm schrieb 1093 an den König von Munster – und er wiederholte seine Bitte zehn Jahre später –, er möge für eine Kirchenreform sorgen. Muirchertach Ua Briain, Hauptprätendent auf die Würde des Hochkönigs, war zwar mit kriegerischen Händeln und politischem Zwist hinreichend beschäftigt, doch er kümmerte sich um die ihm übertragene Aufgabe. Äußeres Zeichen war 1101 die Schenkung des Königssitzes Cashel an die Kirche. Auch der Bischof von Limerick, Gilla Espúic, machte Druck und trat für eine Reform der kirchlichen Ordnung ein. Missbräuche wie die Heirat zwischen nahen Verwandten, ungesetzliche Bischofsweihen und Ehescheidungen zwangen ihn zu diesem Schritt.

Im Jahre 1110 gab sich die Kirche von Irland in einer ersten Nationalsynode ihre erste Verfassung. Auf ihrer Tagung in Rath Bresail bei Cashel berief sie zwei Erzbischöfe und 24 Bischöfe an die Spitzen der sich nun immer mehr durchsetzenden Diözesen. Allerdings dauerte es fast noch ein halbes Jahrhundert, bis alle Beschlüsse umgesetzt werden konnten. Noch verweigerten die starken Klöster ihre Zustimmung. 1152 endlich konnte der päpstliche Gesandte die Pallien an die Erzbischöfe von Armagh, Cashel, Tuam und Dublin überreichen. In dieses Jahr der Synode von Kells fällt auch die Weihe des Klosters Mellifont, dem ein eigenes Kapitel gewidmet ist, weil es die gotische Bauform auf die Grüne Insel brachte.

Der hl. Malachias, wie sein Vorgänger Cellach eine treibende Kraft der Reformbewegung und Vorsteher der Nationalsynode, hat die Früchte seiner Arbeit nicht mehr erlebt. Auf der zweiten Rückreise von Rom, wo er sich vom Hl. Vater mit besonderen Vollmachten hatte ausstatten lassen, starb er 1148 in den Armen des hl. Bernhard von Clairvaux. Allmählich fassten auch „europäische" Orden wie Zisterzienser, Dominikaner, Franziskaner in Irland Fuß und bauten ihre Klöster. Deren malerische Ruinen sind heute Zeugen eines lebendigen Glaubenslebens.

Mellifont – Die „Honigquelle“

St. Malachias von Armagh brachte von seinem ersten Aufenthalt in Clairvaux eine Handvoll Mönche mit und gründete 1142 das erste irische Zisterzienserkloster auf einem Gelände, das ihm von Donogh O'Carroll, dem Prinzen von Uriel, bewilligt worden war. Der hl. Bernhard sandte einen sachkundigen Architekten namens Robert, um die Kirche bauen zu helfen, was sich vor allem in den runden Kapellen in den Querschiffen widerspiegelt, die von kontinentalem Ursprung sind und die einige der wenigen erhaltenen Teile des ursprünglichen Gotteshauses darstellen. 1157 wurde die Kirche mit großem Pomp und Aufwand geweiht. Jedoch viele der heute erhaltenen Anteile des Chorraumes, des Nordquerschiffes und die Mauern des Südquerschiffes wurden um 1225 gebaut. Das Kloster wurde im frühen 14. Jahrhundert niedergebrannt, doch der Großteil des Kirchenschiffes entstand im 14. und 15. Jahrhundert neu. Vergleichsweise blieb wenig von der Kirche erhalten. Während der Ausgrabungen entdeckte man später eine Krypta unter der Vorhalle am Westende der Kirche.

Südlich des Gotteshauses liegt das Kloster, das um 1200 entstand. Einige Säulen sind rekonstruiert worden, doch das augenfälligste Merkmal ist das achteckige zweigeschossige Lavabo in der Mitte der Südseite, wo sich eine echte Quelle befand, in der die Mönche sich die Hände wuschen, bevor sie zum Essen in das Refektorium nahebei gingen. Auf der Ostseite des Klosters befand sich das fein gewölbte Kapitelhaus, das im 14. Jahrhundert errichtet wurde und das jetzt als Warenlager für gemischte architektonische Fragmente dient. Es gibt noch eine Anzahl anderer Gebäude um das Kloster, doch lässt sich ihr Zweck schwer bestimmen.

Innerhalb eines Jahrhunderts nach seiner Gründung wurde Mellifont Mutter oder Großmutter von mehr als 35 Zisterzienserabteien im ganzen Land. Die französischen Mönche, die nach Mellifont geschickt worden waren, um das Kloster zu gründen, arbeiteten mit den irischen Konventualen nicht länger zusammen und kehrten nach Frankreich zurück. In der ersten Hälfte des 13. Jahrhunderts vernachlässigten die Mönche die Regel. Es gab viele Unregelmäßigkeiten, einschließlich deutlicher Verstöße sowohl in Mellifont als auch in seinen Tochterklöstern. Im Jahr 1223 ordnete Papst Honorius an, dass alle Übeltäter ihr Amt aufgeben müssten. 1228 kam Stephan Lexington, um die Missbräuche zu untersuchen, und der Abt trat ab. Lexington ging so weit, den Abt von Clairvaux zu fragen, ob man das Kloster, um Zwist und Hader zu überwinden, nicht anderswo neu besiedeln solle, und er bat auch den englischen König, das Kloster zu schützen. Dann war endlich Frieden, aber 1404 haben örtliche Adelige das Kloster überfallen und ausgeplündert. Die Kirche wurde 1556 in eine Art Adelssitz umgewandelt, doch die Mönche müssen weiter hier gelebt haben, denn der Tod des letzten Abtes ist für 1743 bezeugt.

Cill Fionnabrach – Die Kirche des weissen Bergabhangs – Kilfenora

Um den Übergang von der irisch-keltisch-koptischen zur römischen Kirchenordnung aufzuzeigen, muss man Kilfenora aufsuchen, wo ein Hochkreuz Aufschluss über die Entwicklung der Kirchengeschichte gibt. Hochkreuze entstanden zwischen dem 8. und 12. Jahrhundert. Sie demonstrieren anhand ihrer Ikonographie den Reichtum keltischer Symbolfülle und christlicher Bildprogramme.

Einer der merkwürdigen Orte in Irland, der von Touristen gern auf der Durchreise und als Einstieg in das Burren-Plateau mit seinen prähistorischen Gräbern und alpinen Pflanzen genutzt wird, ist Kilfenora, auch Kilfenoragh oder Cill Fhionnúrach genannt. Alle Ortsnamen mit der Silbe „Kil" weisen auf kirchliche Gründungen hin. Das kleine geschichtsträchtige Dorf mit kaum 200 Einwohnern liegt im County Clare. Hier ist nach der Überlieferung der hl. Fachtnan im 6. Jahrhundert zu Hause gewesen und soll ein Kloster gegründet haben. Im Friedhofsbereich steht heute eine Kirche im Status einer bescheidenen Kathedrale, die zu einem Teil von den Anglikanern genutzt wird, während der andere und offensichtlich ältere Trakt eher einen verfallenen Eindruck macht. Hier mischen sich romanische mit gotischen Bauelementen. Auffällig ist das Ostfenster des Chores mit seinem schönen Maßwerk. Es scheint mit der Natur, mit Bäumen und Himmel zu verschmelzen. Nach Überlieferungen vor Ort soll der Chor ursprünglich noch vor wenigen Jahrhunderten ein Dach und eine Eichendecke gehabt haben, die blau gestrichen und mit goldenen Sternen versehen war. Im Chor befinden sich Grabsteine, unauffällige und beachtenswerte, von denen die beiden, die an den Wänden postiert sind, auf den früheren Bischofssitz verweisen. Sie befinden sich nicht mehr an ihrem ursprünglichen Platz. Die Darstellung des Bischofs links im vollen Ornat mit dem irischen Bischofsstab stammt aus dem frühen 14. Jahrhundert, während die andere, die einen Geistlichen zeigt, zwar einfacher, aber merkwürdiger ist und schon hundert Jahre älter sein dürfte. Auffällig ist auch ein Kopf mit einer Bischofsmütze über einem der niedrigen Eingänge.

Seit einigen Jahren steht hier auch ein bemerkenswertes Hochkreuz aus dem 12. Jahrhundert, das eine besondere Botschaft vermittelt und jetzt seinen Platz nach einer gründlichen Sandstrahlbehandlung in einem von Plexiglas überdachten Raum gefunden hat. Von seinem ursprünglichen und malerischen Platz auf dem Friedhof hat man es hierher verfrachtet, um es vor den bohrenden Westwinden und Regenschauern zu schützen und den hartnäckigen Flechten keine Angriffsfläche mehr zu bieten. Die Botschaft dieses Kreuzes wird uns gleich beschäftigen, doch zunächst seien noch einige Bemerkungen zum Bauwerk gestattet.

Das erste geschichtlich nachprüfbare Datum vom Kloster Kilfenora stammt wohl aus dem Jahr 1055, denn damals ließ Murrough (Murtough) O'Brien die Anlage niederbrennen und zahlreiche Mönche erschlagen. Möglicherweise wurde die Abtei zwischen 1056 und 1058 wieder aufgebaut, doch dann kamen 1079 Truppen aus Connacht oder Connaught, plünderten sie und steckten sie abermals in Brand.

Was heute an Bauwerken zu sehen ist, stammt aus den Jahren 1189 bis 1200. Kilfenora traf ein seltsames Geschick:

Als Irland im Jahre 1111 auf der Synode von Rathbreasail in Diözesen und Kirchspiele aufgeteilt wurde, hat man es schlichtweg übersehen. Doch als 1152 die Synode von Kells stattfand, erhielt es den Status einer Diözese und wurde dem Erzbistum Cashel unterstellt. Aus den ersten Perioden seiner Existenz gibt es kaum Berichte über die Diözese. Die Oberhirten jener Zeit entstammten meist den Clans und nicht der Region. Einer der Bischöfe, dessen Namen allerdings nicht überliefert ist, soll 1172 den Lehnseid auf Heinrich II. abgelegt haben – welche Folgen dieser Schwur im Lande hatte, ist hinreichend bekannt. Aus dem 13. Jahrhundert wusste man immerhin die Vornamen oder Ordensnamen der Bischöfe.

Die Diözese von Kilfenora umfasste die Baronien des Burren und von Corcomroe und war dennoch die kleinste und ärmste im Land. Die Wirren der Reformation konnte sie nicht unbeschadet überdauern. Schließlich gab es ein römisch-katholisches und ein protestantisches Bistum, die mit anderen Diözesen vereinigt wurden. Kilfenora gehörte von 1606 bis 1617 zu Limerick, von 1617 bis 1742 zu Clonfert, anschließend zu Killaloe. Der protestantische Kirchenbezirk ist seit 1976 mit Limerick verbunden. Vom Beginn des 17. Jahrhunderts an besaß Kilfenora keinen eigenen Bischof mehr. Statt dessen ist der Papst Oberhaupt dieser kleinen Diözese!

Die ersten protestantischen Bischöfe in Irland traten 1541 in Erscheinung, doch weiß man nicht, wer wann in Kilfenora ernannt wurde. Schließlich war das religiöse Klima wechselhaft und undurchsichtig, und mancher Ire wusste nicht, ob die Kirche, in die er sonntags ging, nun katholisch oder protestantisch war. Zwischen 1541 und 1572 wurde ein Bischof namens John als „ein Prediger des Wortes Gottes" in Kilfenoragh begraben. Vielleicht kam er aus der Familie O'Neyland = O'Niallain oder O'Hinalan.

Ob er katholischen oder protestantischen Bekenntnisses war, ist nicht bekannt. Nach Auskunft der Staatsarchive wurde Murtough O'Brien 1573 mit der Leitung des Bistums Kilfenora betraut. 1585 soll ein „Daniel, Auserwählter von Kilfenoragh", erster protestantischer Bischof gewesen sein. Nach einer anderen Geschichtsquelle wurde dem Bischof vom Limerick, Bernard Adams, von 1604 bis 1617 Kilfenora zugeteilt. Danach erhielt Bischof John Sterne oder Steers für fünf Jahre die Aufsicht über den Kirchensprengel. Andererseits soll es nach den Annalen bis um 1634 keinen konkreten Nachweis über eine päpstliche Bischofsernennung gegeben und die englische Krone zwischen 1541 und 1606 auch keine Berufung ausgesprochen haben.

Aus diesen Angaben ist ersichtlich, wie undurchdringlich irische Kirchengeschichte – und irische Geschichte überhaupt – stellenweise ist. Doch einige Daten lassen sich präzisieren. So meldete der schon erwähnte Bernard Adams der Königlichen Kommission im Jahre 1615, die Kathedrale von Kilfenora sei berechtigt, die Gehälter für zehn Priester einzuziehen, für jeden 14 Schillinge. Ein Gehalt diente der Wiederherstellung der Kathedrale. Ferner stellte er fest, dass die Bewohner der Aran-Inseln seit alters her zum Bistum Kilfenoragh gehörten (was man anzweifeln könnte), dafür fünf Mark an Einkommen anzusetzen seien. Doch scheint der Bischof bei seinem Versuch, die Abgaben zu kassieren, leer ausgegangen zu sein. Im Jahre 1616 erhielt John Sterne für sich und seinen Nachfolger einen Zuschuss von 20 Schillingen, damit er donnerstags in Kilfenoragh einen Markt abhalten und zweimal im Jahr eine Verkaufsausstellung durchführen konnte. Nach der Überlieferung soll Charles I. 1628 Richard Betts das Bistum Kilfenora anvertraut haben. Er kam nach Irland, sah die Armut der Diözese und kehrte schleunigst um. Er habe kein Interesse, Bischof des ärmsten Bistums Irland zu werden, so begründete er seinen Schritt …

Um 1737 erhielt der belgische Bischof James Augustine O'Daly das Bistum zugesprochen. Er übertrug die Verwaltung seinem Amtskollegen in Limerick, blieb Oberhirte von Kilfenora und starb, ohne seinen Kirchensprengel jemals besucht zu haben. Kilfenora wurde nach anderen Quellen 1750 mit Kilmacduagh im Co. Galway vereint, dann kam es zu Cashel, während Kilmacduagh Tuam zugeschlagen wurde. Bei jedem neuen Amtsantritt eines Bischofs wechselte dessen Sitz zwischen Kilfenora und Kilmacduagh. Die Bistumsfolge endete mit Patrick Fallon, dem letzten Bischof von Kilmacduagh, der sein Amt 1866 wegen Krankheit aufgab. Heute gehört Kilfenora zum Bistum Galway, doch die Oberhoheit beansprucht der Nachfolger Petri in Rom.

Kilfenora ist wegen seiner Hochkreuze bekannt. Einst soll der Ort im Königreich Thormond als „die Stadt der Kreuze" bekannt gewesen sein. Zwei bemerkenswerte Kreuzesdarstellungen ziehen den Besucher in seinen Bann. Das „kosmische Kreuz" steht in einer Wiese unweit der Kathedrale. Ursprünglich umstanden vier Kreuze – nach der koptischen Klosterordnung – den heiligen Bezirk. Dieses kosmische Kreuz ist schlicht, bis auf wenige Linien schmucklos, der Kreuzring ist zurückgedrängt und eher zweitrangig. Christus steht im Mittelpunkt, er ist der Beherrscher des Alls, nicht der Leidensmann. Auf seinem knielangen Gewand ist ein Viereck eingeritzt, das Quadrat, das Zeichen, das Symbol für die Welt. Christus hat diese Welt erlöst. Eine kordelähnliche Linie verläuft am Schaft des Kreuzes nach unten. Ist es der Gnadenstrom, der vom Erlöser ausgeht und die Menschen für die Ewigkeit rettet? Gerade dieses Kreuz bietet in seiner monumentalen Schlichtheit viele Ansätze für Meditationen und Betrachtungen.

Das sogenannte „Doorty Cross“ hingegen ist ein geschichtliches Dokument und zeigt nicht zuletzt auf, weshalb der Papst Bischof dieses kleinen abgelegenen Ortes Kilfenora ist. Es gehört zu den letzten Vertretern der Kreuzesentwicklung in Irland und ist ins 12. Jahrhundert zu datieren. Während die (frühere) Westseite die Gestalt des bekleideten Christus und unter ihr ein schönes irisch-wikingisches Ornament zeigt, unter dem eine große Gestalt auf einem Esel reitet, ist die Gegenseite der Berufung des hl. Petrus zur Nachfolge Christi vorbehalten. Aus dem hellen Jura-Kalkstein der Umgebung gemeißelt, zeigt das Kreuz statt der Bilderflut der „scriptures-crosses“ großfigürliche, plastische Darstellungen, die hier nicht der Vermittlung der Heilsgeschichte dienen, sondern aktuelle Kirchenhistorie in den Blick nehmen.

An der Basis zeigen sich uns zwei Köpfe und ein bedrohlich wirkendes Flugtier. Über dieser Szene, die sicherlich der keltischen Mythologie zuzurechnen ist, posieren zwei Figuren in harmonischer Eintracht. Über ihnen thront eine alles beherrschende Gestalt im Bischofsgewand und mit Krummstab. Die Kopfbedeckung füllt den oberen Kreuzesteil, während im Querbalken, gleichsam auf den Schultern des Mannes stehend, ein geflügeltes Wesen und ein Vogel abgebildet sind. Man hat immer wieder geforscht, in welcher Verbindung Mensch und Figuren zueinander stehen, bis sich folgende Deutung auftat: Die Kopfbedeckung des Klerikers könnte eine Mitra oder eine Tiara sein. Entscheiden wir uns für eine Tiara, wie sie bis in die Tage Papst Pauls VI. gebräuchlich war, so ist das Rätsel der Wesen auf den Schultern lösbar: Das geflügelte Wesen auf der rechten Seite, ein Engel, ist das Symbol des Matthäus, der Adler auf der linken Seite das Signum des Johannes. Nur diese beiden Evangelisten betonen in ihren Schriften die von Christus ausgesprochene Sonderstellung des Apostels Petrus.

Also kann der Bischof auf dem „Doorty Cross“ nur der Vertreter des hl. Petrus, der Papst, sein. Ein weiteres Zeichen soll diese Erkenntnis stützen: Die rechte Hand des Mannes segnet mit gestrecktem Zeige- und Mittelfinger. Das ist der typische Segensgestus Christi und seines Nachfolgers, des Hl. Vaters. Dass die Hand nach unten deutet und nicht plastisch waagerecht ausgearbeitet ist, liegt am Unvermögen der Künstler in alter Zeit. Die Botschaft des Kreuzes entschlüsselt sich uns an weiteren Zeichen: Der untere Bereich des Schaftes stellt die Bedrohung der Menschen in der Welt dar. Der Drachenvogel ist typisches Beispiel dafür und Sinnbild des Bösen, des Dunklen, des Teufels, der die Welt zu beherrschen hofft. Diese Form der Darstellung ist aus der Romanik hinlänglich bekannt.

Die beiden Männer in der nächsten Zone stehen für die Überwindung des Bösen in der Welt. Sie haben sich untergehakt, das bedeutet, sie sind sich einig in ihrem Denken und Handeln, die einer gemeinsamen Lebensordnung entspringt. Die Männer tragen eine Kutte, sie sind Mönche, Vertreter des Wortes Gottes. Der Ordensweg bestimmt ihr Leben, sie haben ihren Weg erkannt, um das Böse in der Welt zu besiegen: Ihre Stäbe stoßen auf den Dämon zu ihren Füßen. Doch diese Stäbe unterscheiden sich, sind grundverschieden. Der Mönch auf der linken Seite trägt den bekannten Stab mit der Krümme, wie ihn der herkömmliche Bischofsstab aufweist. Der andere aber hält einen Stab mit kurzem geradem Querbalken in der Hand, den Tau-Stab, dem ägyptischen Lebenszeichen „Anch“ nachgebildet, den auch der Wüstenvater Antonius Eremitus auf Abbildungen mit sich führt. Er war der Urvater des koptischen und des benediktinischen Mönchtums. Die Verbindung zwischen den Wüstenvätern Ägyptens und den Einsiedlern Irlands wird hier einmal mehr deutlich und ist Beweis für die Eintracht zwischen diesen beiden Mönchstraditionen.

An der Spitze der Kirche und somit auch der Orden steht der Papst, der auf dem Kilfenora-Kreuz überproportional dargestellt ist mit Tiara und Spiralkrümme. Er verkörpert das Gesetz Christi, das zur Lex Petri wird. 1152, im Anschluss an die Synode von Kells, wurde Kilfenora Bischofssitz. Diese Synode beschloss die Auflösung der alten keltisch geprägten irischen Kirchenselbständigkeit zugunsten der römischen Ordnung. Diese Aussage möchte das Kreuz vermitteln.

Hier liegen sechs Prälaten, und zu ihrer Ehre
erbitte ich Gebete an Christus, unseren Erlöser.
Sie wirkten Zeit ihres Lebens für dieses Haus.
Als ersten möchte ich Hubert Burke nennen,
der das Bistum Limerick zierte,
und Matthew sowie Donald, beide Bischöfe von Killaloe.
Christian und Maurice sollte ich nicht verschweigen,
und Simon, in die Ewigkeit vorausgegangener Bischof von Fenabore.
Deshalb, gütiger Gott, lass keine der Seelen
dieser guten Männer in der Hölle schmoren.
Ihr, die ihr dies lest, kniet in Demut nieder.
Betet drei Ave, sprecht ein Vaterunser.
Wer immer für ihre Seelen mit Hingabe betet,
dem widerfährt Vergebung für hundert Tage.
Und ihr, die ihr diese Verse auf diesem Stein beachtet,
nehmt euch die Angelegenheit zu Herzen,
denkt ernsthaft darüber nach, was ihr hier seht.
Macht euch bewusst, was ihr jetzt seid und sein werdet.
Denn, ob ihr nun bedeutender, gleich oder geringer seid,
so wie diese Männer, hier werdet ihr zu Staub zerfallen.

Der Untergang der Klostertradition

Mit dem Übergang der frühirischen Kirche in die von Rom geführte Universalkirche hatten die Eigenständigkeit der Mönchskirche und ihr Einfluss in der Bevölkerung einen herben Schlag erfahren. Eine weitere Niederlage erlitt sie nach dem Bruch Heinrichs VIII. mit dem Papst im Jahre 1534. Der König ließ viele Klöster und Kirchen in Irland schleifen. Unter Oliver Cromwells Tyrannenherrschaft ab 1649 gingen viele Klosteranlagen in Flammen auf. Allerdings wurden sie auch Opfer lokaler Clankämpfe. Denn in Irland gehen die meisten Klostergründungen auf Stiftungen der herrschenden Familien zurück. Hinzu kam die allmähliche Verweltlichung des monastischen Lebens – eine großartige Klosterkultur blieb nur in Ruinen erhalten.

Dieser Oliver Cromwell, Protektor Irlands, geboren am 15. April 1599 zu Huntindon, gestorben am 3. September 1658, war ein strenger Puritaner und großer Katholikenfeind. 1640 ins Parlament gewählt, stellte er sich auf die Seite der Republikaner, forderte gründliche Reform des Kirchenwesens, „Abschaffung des Aberglaubens und Götzendienstes", sammelte nach Ausbruch des Bürgerkrieges 1643 90 Reiter und unterdrückte die Erhebung für König Karl I. 1645 wurde er Generalleutnant. 1648 besiegte er die in England eingefallenen Schotten, verlangte die Hinrichtung des Königs, unterwarf 1649 Irland in blutigen Kämpfen, konfiszierte die Güter der Katholiken und verfolgte rücksichtslos die katholische Kirche. Als er ins felsige Burren-Gebiet vordrang, soll er ausgerufen haben: „Hier gibt es keine Bäume, um die Iren aufzuhängen, kein Wasser, um sie zu ersäufen, und keine Erde, um sie zu verscharren." 1650 schlug Cromwell die Schotten bei Dunbar, errang 1651 einen Sieg bei Worcester über die Truppen Karls II., trat für die Interessen des Heeres gegen das sogenannte „lange" Parlament ein, geriet mit dem von ihm einberufenen Parlament in Streit. Erfolge verzeichnete er in Kriegen mit Holland und Spanien. 1655 unterdrückte er die Royalisten, verärgerte die Republikaner, lud dem Volk eine große Steuerlast auf, wollte den Anglikanismus unterdrücken, dafür den Puritanismus stärken. Der Puritanismus beherrschte Cromwells ganze religiöse Einstellung, der in wesentlichen Punkten bis heute das englische öffentliche und teilweise private Leben bestimmt. Er war ein großer Taktiker, ein religiöser Fanatiker, doch kein Stratege und ein schlechter Politiker.

Möge dein Engel dir auf allen deinen Wegen vorausgehen,
und mögest du in seine Fußstapfen treten,
wenn du nicht weißt, wohin der Pfad führt.
Wenn deine Schritte unterwegs langsamer werden,
möge die Straße dir entgegenkommen.
Gott möge deine Schritte
stets auf den Weg des Friedens lenken,
auf den Weg des Friedens,
an dessen Ende das Paradies auf dich wartet.
Gott begleite dich auf deiner Straße
und auf jedem Weg, den du gehst.

Literaturhinweise

Maire und Liam de Poor: „Alt-Irland". Herausgegeben von Dr. Glyn Daniel, Cambridge. Verlag M. DuMont-Schauberg, Köln 1960

Ludwig Bieler: „Irland – Wegbereiter des Mittelalters". Urs-Graf-Verlag, Olten 1961

A. C. J. Loos: „Keltentum – Untergang und Auferstehung. Die Altirische Kirche". J. Ch. Mellinger Verlag, Stuttgart 1975

Peter Harbison: „Guide National Monuments Ireland". Gill and Macmillan Ltd, Dublin 1979

Peter Brown: „Das Evangeliar von Kells – Ein Meisterwerk frühirischer Buchmalerei". Verlag Herder, Freiburg 1980

H. Patrick Montague: „The Saints und Martyrs of Ireland". Colin Smythe, Buckinghamshire 1981

Michael Richter: „Irland im Mittelalter – Kultur und Geschichte". Verlag Kohlhammer Stuttgart 1983

Hermann Multhaupt: „Der Kundschafter am Lough Gill". Steyler Verlag, St. Augustin 1984

Averil Swinfen: „Die Kathedrale von Kilfenora", 1987, Privatdruck

Helmut Nemec/Helmut Birkan: „Irland – Insel der Heiligen". Lizenzausgabe Rosenheimer Verlagshaus 1989

„125 Jahre St. Ewaldi Aplerbeck 1868–1993". Herausgeber: Kath. Pfarramt St. Ewaldi, DO-Aplerbeck

Margit Wagner: „Irland. Ein Reiseführer“. Prestel-Verlag, München 1991

Hermann Multhaupt: „Möge die Straße dir entgegeneilen – Eine meditative Entdeckungsreise durch Irland“. Matthias-Grünewald-Verlag, Mainz 1996

Ingeborg Meyer-Sickendiek: „Gottes gelehrte Vaganten. Die Iren im frühen Mittelalter“. Droste-Verlag, Düsseldorf 1996

Peg Coghlan: „Irish Saints“. Mercier Press, Cork 1999

Sean Mc Mahon: „The Islands of Saints and Scholars“. Mercier Press, Cork 2001

Steve Rabey: „Das Wissen der Kelten“. Albatros Verlag, Düsseldorf 2002

Zahlreiche Internet-Beiträge aus Wikipedia und irischen Angeboten

Hermann Multhaupt: „Lebensweisheit aus Irland“. St. Benno-Verlag, Leipzig 2003